액티브 리딩

즉시 행동하는 사람의 독서법

액티브 리딩

쓰카모토 료 지음 ｜ 김정환 옮김

SECRETS OF
ACTIVE READING
SKILLS

시원
북스

나는 책을 좋아한다. 읽는 것은 별로 좋아하지 않는 것도 같지만, 그래도 정기적으로 서점에 가서 책을 잔뜩 사 온다. 이렇게 말하면 읽는 것을 별로 좋아하지 않으면서 왜 책을 많이 사는지 이상하게 생각하는 사람도 있을 것이다.

내가 열여섯 살 때의 일이다. 나는 이 사건을 계기로 책을 사게 되었다. 나는 어떤 사건을 일으키는 바람에 학교에서 2주 동안 자택 근신 정학 처분을 받았다. 다만 부모님과 함께 책을 사러 나가는 것만은 허용되었는데 서점으로 향하는 도중에 많은 생각이 들곤 했다. 주변 사람들을 힘들게 만든 나 자신에 대한 후회와 이제는 새로운 나로 바뀌어야 한다는 생각이 교차했던 것을 지금도 기억한다.

그런 가운데 나는 서점에서 나의 사고방식과 가치관을 단숨에 무너뜨린 책 한 권을 만났다. 바로 스티븐 코비가 쓴《성공하는 사람들의 7가지 습관》이라는 책이었다. 그런데 저자가 책의 첫머리에서부터 느닷없이 자신의 장례식을 상상해 보라는 것이 아닌가? 나는 충격을 받으면서도 시험 삼아 상상해 봤다. 장례식에 참석해 준 사람들이 나를 어떤 사람이었다고 말해 주기를 바라는지 진심으로 생각했다. 그 결과 무엇을 하고 싶은가$_{Do}$보다 어떤 사람이 되고 싶은가$_{Be}$가 더 중요하다는 깨달음을 얻었다. 그리고 내가 바라는 이상적인 나에 대해 글로 적어 보는 가운데, 경영자인 아버지를 넘어서는 경영자가 되고 싶다는 바람을 마음속에서 줄곧 품어 왔음을 깨닫게 되었다.

그 후 나는 수많은 경영자의 책을 읽기 시작했고, 결국 회사 경영의 꿈도 이룰 수 있었다. 이렇게 책을 쓸 수 있는 것 또한 그때의 독서가 계기가 되었다고 해도 과언이 아니다. 독서를 함으로써 내가 되고 싶은 모습을 발견하고, 그 모습을 향해 나아가기 위한 행동력이라는 터보 엔진을 손에 넣은 것이다. 그래서 이 책을 읽고 있는 당신에게 한 가지 제안을 하고자 한다.

"책 한 권을 처음부터 끝까지 다 읽는 습관을 버리지 않겠는가?"

내가 과거에 책 읽기를 기피했던 이유는 책을 끝까지 읽지 못했을 때의 찝찝함을 수없이 맛봤기 때문이다. 안 그래도 읽는 속도가 느린데 끝까지 읽으려고 하니까 전혀 진도가 나가지 않았고, '책 한 권도 끝까지 못 읽다니 나는 왜 이렇게 한심한 걸까?'라는 생각이 들어 의욕이 저하되었다.

그러나 책을 무조건 끝까지 읽으려 하지 않고 내가 읽고 싶은 부분, 목적의식을 가진 부분만 읽자고 생각한다면 독서의 허들은 크게 낮아지지 않을까? 《성공하는 사람들의 7가지 습관》의 첫머리를 읽고 나의 장례식을 상상해 본 것, 나는 그 행동을 할 수 있었다는 것만으로도 이미 책값 이상의 가치를 얻었다고 생각한다. 앞으로는 독서에 대해 이렇게 생각해 보기 바란다.

　'많은 책을 사서 읽는 이유는 목표를 향해 작은 행동을 하기 위해서야.'

　독서를 하면 타인의 경험이나 사고방식, 방법론 등을 알 수 있다. 혼자서 이것저것 고민하면 시야는 점점 좁아질 뿐이지만, 책을 읽으면 혼자서는 떠올리지 못했던 발상이나 생각을 접할 수 있다. 그런 독서를 행동에 활용하지 않는다면 이 얼마나 아까운 일인가?

　일본의 사상가이자 교육자였던 요시다 쇼인은 "인간은 책을 읽으려 하지 않는다. 설령 읽더라도 행동으로 옮기려 하지 않는다."라고 말했다. 대부분의 사람들은 책을 다 읽고는 좋은 책이었다고 만족하고 내일부터 열심히 하자고 생각할 뿐 행동으로 옮기지 않는다. 이래서는 기껏 한 독서가 아깝다. 아니, 너무나도 아깝다. **독서를 통해서 얻은 지식이나 노하우는 즉시 활용할 때 비로소 '알고 있는 것'에서 '할 수 있는 것'으로 바뀐다.**

단순히 독서를 해서 지식을 얻는 것만으로는 아무것도 달라지지 않는다. 독서라는 인풋에 행동이라는 아웃풋을 연결시켜야 비로소 변화할 수 있다. 그렇기에 이 책에서는 독서로 얻은 지식이나 노하우를 행동으로 옮겨서 성과를 내는 방법을 소개한다.

PART 1에서는 즉시 행동하는 사람과 즉시 행동하지 못하는 사람의 독서법을 소개한다. 이것은 말하자면 체크리스트다. 독서를 하는데도 성장하고 있다는 느낌이 들지 않는다면 이 파트로 돌아가서 다시 한 번 읽어 보기 바란다. 틀림없이 문제를 해결할 수 있을 것이다.

PART 2 이후로는 독서를 즉시 성과로 연결시키기 위한 '즉시 행동하는' 시스템을 만드는 방법을 소개한다. 이 시스템을 만들면 독서가 지금보다 10배, 아니 100배는 더 즐거워질 것이다.

책 읽기를 좋아하지 않는 사람, 독서하는 습관이 없는 사람도 환영한다. 책을 많이 읽고 있는데 현실은 무엇 하나 달라진 것이 없다는 사람도 물론 환영한다.

이 책과의 만남을 계기로 '독서는 정말 훌륭한 습관이구나!'라고 생각하게 된다면 저자로서는 그 무엇보다 기쁠 것이다.

자, 지금부터 함께 작은 실험을 즐겨 보자.

쓰카모토 료

목차

PART 3 책을 읽고 '움직인다'

PART 4 '공유'로 한 단계 더 성장한다

PART 1

즉시 행동하는 사람의
액티브 리딩

SECRETS OF ACTIVE
READING SKILLS

01
즉시 행동하는 사람
vs 리액션만 하는 사람

기술의 발전과 세계화로 인해 사회는 점점 빠르게 변하고 있다. 비상식이었던 것이 새로운 상식이 되고, 상식이라고 여겨지던 것이 비상식이 되는 시대다.

캐나다의 일간지 〈내셔널 포스트〉는 2020년에는 미국의 프리랜서 인구가 노동자 전체의 50퍼센트에 이를 것으로 예상했다. 또한 최근에는 AI_{Artificial Intelligence, 인공지능}라는 용어를 듣지 않는 날이 없을 정도이다. 이런 상황을 감안하면 앞으로 우리는 점점 더 큰 변화를 겪게 될 것이다. 실제로 서점에 진열되어 있는 책의 제목만 봐도 변화를 실감하게 된다.

기존의 상식에 갇혀 산다면 점점 시대에 뒤처지고 말 것이다. 이는 다시 말해 남들보다 먼저 그 변화를 눈치채고 빠르게 대응하면 성공할 가능성이 높아진다는 의미이기도 하다. 당신이 어떻게 행동하느냐가 당신의 미래를 크게 바꿔 놓는다고도 할 수 있다. 그렇다면 당신은 다음의 두 가지 인생 중 어떤 인생을 살고 싶은가?

- **"이제 어떡하지?"라며 한발 늦게 행동하는 리액션형 인생**
- **시대의 변화를 민감하게 파악하고 한발 앞서서 행동하는 액션형 인생**

물론 즉시 행동하는 사람은 후자에 속한다. 그리고 나는 당신도 후자의 인생을 선택하기를 바란다.

즉시 행동하는 사람은 한발 늦게 행동하지 않으며, 언제나 주도권을 쥐고 살아간다. 이 대전제를 잊지 말기 바란다.

또한 즉시 행동하는 사람은 독서를 통해 끊임없이 자신을 업데이트한다. 물론 자신을 업데이트하는 방법이 독서 밖에 없는 것은 아니다. 다만 책은 그 분야의 시류나 전문가의 생각 등을 알고 새로운 삶의 방식이나 일하는 방식에 대해 생각할 계기를 제공하는 질 좋은 교재이다.

성공한 사람들이 하나같이 독서를 하는 이유는 끊임없이 변화하는 세상에서는 지금까지 상식으로 생각되었던 지식조차도 진부해져 간다는 사실을 알고 있기 때문일 것이다. 그래서 책을 많이 읽어 끊임없이 자신을 업데이트함으로써 상식의 벽을 무너뜨려 가는 것이다.

물론 책에 적혀 있는 내용을 무작정 전부 받아들일 필요는 없다. 다이어트를 예로 들면, 세상에는 매일 같이 새로운 다이어트 방법이 고안되고 있으며 큰 화제를 모으는 다이어트 방법조차도 전문가들의 의견이 엇갈린다. '그렇게 전문가들의 의견이 엇갈린다면 의미가 없는 거 아닌가?'라고 생각하는 사람도 있겠지만, 그렇지는 않다. 사람에게는 자신에게 맞는 것과 맞지 않는 것이 있다. 그리고 책에는 방법은 물론이고 그 방법의 근간에 자리하고 있는 저자의 생각이나 이론도 실려 있다. 그러니 자신에게 잘 맞는 방법을 실천하면 되지 않을까? 많은 책을 계속 읽어서 다양한 의견에 귀를 기울이고, 자기 나름대로 가설을 세운 뒤 행동하고 고찰해 나가자. 그렇게 해서 자기 나름의 해답을 이끌어 내면 된다.

지식이나 스킬은 당신에게 무기가 되어 준다. 그러나 그 무기가 도움이 될지 안 될지는 시대에 따라 달라진다. **지금까지 잘 통했던 방법만을 계속 고집하면 어느 시점에는 그 방법이 더이상 통하지 않게 될 수도 있다.**

그래서 즉시 행동하는 사람들은 책을 많이 읽고 시대의 변화를 다각적으로 파악하며 자신을 끊임없이 업데이트하는 것이다.

02

생각을 바꾸기 위해 읽는 사람
vs 바꾸지 않는 사람

'즉시 행동하는 사람'과 '즉시 행동하지 못하는 사람'의 독
서법에는 큰 차이가 있다. 즉시 행동하는 사람은 그때까
지 생각해 본 적이 없었던 방법을 발견했다며 자신의 가치
관을 바꾸기 위해 독서를 한다. 반면에 즉시 행동하지 못
하는 사람은 역시 나는 틀리지 않았다는 만족감을 얻기 위
해, 즉 자기 긍정을 위해 책을 읽는다.

독서를 통해 행동의 힌트를 얻어서 현재 상황을 타개하고자 한다면 어떤 패턴을 따라야 할지는 너무나도 분명하다. '맞아, 그거지.'라며 기존의 내용을 확인하고 만족하기만 해서는 눈앞의 상황을 조금도 바꿀 수 없다. 만약 당신이 단순히 기존의 내용을 확인만 하는 독서를 해 왔다면 "요즘 내가 잘 풀리지 않는 건 사고방식에 문제가 있어서가 아닐까?"라고 자문자답을 해 볼 필요가 있을 것이다.

나는 고등학생 시절에 사고를 쳐서 정학 처분을 받아 바깥세상과 차단되었을 때, 계속 이렇게 산다면 내 인생은 끝이라고 느꼈다. 어떻게든 바뀌어야 한다고 생각했다. 그리고 나 자신을 되돌아보는 과정에서 독서와 만났으며, 독서가 나의 가치관을 바꾸고 미래까지도 바꿀 수 있음을 알게 되었다. 실제로 독서는 나의 가치관을 바꿔 버렸다. **가치관이 바뀌면 행동이 달라진다. 행동이 달라지면 상황이 변한다.**

또한 내가 알고 있는 세상은 빙산의 일각에 불과함을 느낄 수 있다는 것도 독서의 매력 중 하나다. 책을 펼치면 나와 다른 환경에서 다른 경험을 하면서 성장해 온 저자가 그 과정에서 얻은 지식이나 경험을 내게 전해주고 있음을 깨닫게 된다. 새로운 가치관이나 생각을 접할 수 있다는 점에서 책은 매우 유용한 미디어라고도 할 수 있다.

독서의 또 다른 매력은 언제 그 책을 읽느냐에 따라 마음에 와닿는 문장이 계속 달라진다는 것이다. 고등학생 때 읽고 밑줄을 쳤던 부분을 다시 읽어 보면 내가 성장했음을 느끼는 경우가 있다. 내가 고작 이런 문제로 고민을 했었구나 싶어서 얼굴이 화끈해질 때도 있지만, 이 또한 독서의 매력이다. 그리고 동시에 과거에는 이해하지 못했던 것을 이해할 수 있을 때도 있으며, 새로운 과제를 발견하기도 한다.

바쁜 나날에 쫓기다 보면 계속 지금에 안주하게 된다. 그렇게 해서 모든 일이 항상 잘 풀린다면 좋겠지만, 어딘가에서 벽에 부딪힐 때도 있을 것이다. 그리고 그 벽은 바로 자신의 가치관인지도 모른다.

독서를 통해 자신과는 다른 생각이나 가치관을 만난다면 그것은 커다란 행운이며 자신을 바꿀 기회이기도 하다. **이때 문을 굳게 닫지 말고 그런 생각이나 가치관을 받아들**

이는 것이 중요하다. 제대로 받아들인다면 자신의 폭이 넓

어지고 행동할 수 있는 영역이 확대될 것이다.

03

독서를 투자로 만드는 사람
vs 낭비로 만드는 사람

독서는 자기 투자라는 말이 있다. 정말로 그럴까? 나는 그 사람의 마음가짐에 따라 독서가 투자가 되기도 하고, 소비가 되기도 하며, 최악의 경우에는 낭비가 될 수도 있다고 생각한다. 이 세 가지의 정의는 다음과 같다.

'투자'는 지출 < 효과

'소비'는 지출 = 효과

'낭비'는 지출 > 효과

당신의 독서는 투자와 소비, 낭비 중 어디에 해당하는가?

즉시 행동하는 사람은 독서를 단순히 투자라고 생각하는 데 그치지 않고 책에서 10배, 100배의 가치를 만들어 낸다.

예를 들어 한 영업사원이 화술에 관한 책을 읽고 고객과 나누는 일상적인 대화small talk의 내용에 변화를 줘 보니 계약 성사율이 몇 배가 되었다고 가정해 보자. 그렇다면 그 영업사원은 책값 만 5천 원을 투자해 상당한 가치를 만들어 낸 셈이 된다. 반면에 즉시 행동하지 못하는 사람의 독서는 소비에 그치고 만다. 만 5천 원을 주고 책을 사서 읽고는 "좋아, 공부가 됐어.", "재미있는 이야기였어."라며 만족한 채 행동에 옮기지 않고 독서를 끝내 버리는 것이다.

독서가 낭비로 끝나는 대표적인 사례로는 적독積讀이 있다. 적독이란 더 나은 성과를 올리겠다는 생각으로 샀지만 읽지 않은 책이 점점 쌓여 가는 것을 의미한다.

이처럼 독서에도 투자, 소비, 낭비의 세 유형이 있다. 이 세 유형의 가장 큰 차이점은 무엇일까? 그것은 행동이다.

책을 읽고 행동하는 사람. 책을 읽지만 행동하지 않는 사람. 책을 사지만 읽지 않는 사람. **이 행동의 차이가 독서를 투자로, 소비로, 낭비로 만드는 것이다.**

'책을 읽는 건 물론 매우 좋은 습관이야. 하지만 책을 읽었다고 해서 성과가 그렇게 달라지나?' 이런 식으로 생각하는 사람도 있을지 모른다. 그런 의문에 대한 나의 대답은 "단순히 독서를 하는 것만으로는 아무것도 달라지지 않습니다."이다. '읽고 만족했다.'가 전부여서는 단순한 '소비'에 지나지 않는다. 어떻게 독서를 '투자'로 만들어 나갈 것이냐는 관점에서 생각할 필요가 있다.

독서를 최고의 자기 투자로 만들기 위해서는 무엇이 중요할까? **나는 책에서 배운 것을 아웃풋 할 때 비로소 그 독서가 '투자'가 된다고 생각한다.** 세미나도 마찬가지다. 참가해서 강연을 듣고는 좋은 이야기라고 생각만 하는 사람과 들은 이야기를 즉시 아웃풋 하는 사람 중 어느 쪽이 좋은 성과를 만들어 낼 수 있을지는 누가 봐도 분명하다.

독서를 투자로 만드는 일의 중요성을 알았다면 그 다음에는 무엇이 중요할까? 그것은 도착점Goal이다. 쉽게 말하면 목표다. **즉시 행동하는 사람은 독서를 하는 이유나 목표가 명확하다.** 도착점이 있기에 독서로부터 배우는 것도 많고, 배운 것을 행동으로 옮긴다는 아웃풋을 할 수 있게 되는 것이다.

즉시 행동하는 사람은 독서를 하고 그 내용을 행동으로 옮기는 시스템과 독서를 뒤로 미루지 않기 위한 시스템을 모두 갖추고 있다. 책값을 단순한 낭비나 소비로 끝내지 않고 수십 배, 수백 배나 되는 가치를 창출하기 위한 자기 투자로 만들려고 생각하기 때문이다. 그리고 이를 위해 '무엇을 위해서 읽는가?' 같은 문제의식을 갖고 독서를 한다. 이것이 독서를 아웃풋으로 연결시키는 즉시 행동하는 사람의 습관이다.

'도착점'을 정하는 방법과 구체적인 아웃풋 방법, 시스템에 관한 이야기는 매우 중요하므로 뒤에서 자세히 설명하겠다.

04
책을 지저분하게 읽는 사람
vs 깨끗하게 읽는 사람

당신은 독서를 할 때 어떤 식으로 책을 읽는가?

　즉시 행동하는 사람의 책은 지저분하다. 커피 얼룩 등이 생겨서 지저분하다는 말이 아니다. 펜을 들고 독서를 하면서 책에서 얻은 영감이나 아이디어를 적어 넣기 때문에 지저분하다는 말이다.

　프린스턴 대학교의 팸 뮬러와 UCLA의 대니얼 오펜하

이머는 2014년에 어떤 실험을 했다. 수업 시간에 수업 내용을 노트에 필기하는 학생과 노트북에 기록하는 학생을 조사한 것으로 그 결과는 충격적이었다. 노트북에 기록한 학생보다 노트에 필기한 학생이 압도적으로 높은 성적을 낸 것이다. 일주일 후에 다시 시험을 봤을 때도 노트에 필기한 학생의 점수가 압도적으로 높았다.

왜 이런 결과가 나왔을까? 필기는 타이핑에 비해 시간이 걸리기 때문이다. 교수가 말하는 내용을 전부 들으면서 손으로 글씨를 쓰는 것은 쉬운 일이 아니다. 그렇기에 주의 깊게 교수의 이야기를 듣고 요점을 정리하는 데 집중하지 않으면 필기를 할 수 없다. 강의를 들으면서 동시에 공부하는 것이다. 한편, 타이핑을 할 때는 딱히 생각하지 않고 오로지 기록하는 데만 집중하게 된다.

요점은 손으로 글씨를 쓰면서 자연스럽게 머릿속이 정리된다는 것이다.

필기를 하면서 독서하는 것은 작은 아웃풋을 반복하는 것과 같다. 어렵게 생각할 필요는 없다. 그저 독서를 하면서 떠오른 점을 적으면 된다. **즉시 행동하는 사람은 이 인**

풋과 아웃풋의 간격이 짧다.

에빙하우스의 망각곡선이라는 심리학 용어가 있다. 인간의 뇌는 학습한 지 1시간이 지나면 58퍼센트를 잊어버리며 하루가 지나면 74퍼센트를 잊어버린다는 이론이다. 즉 책에서 배운 내용을 당장 내일부터 시험해 보려고 해도 막상 다음 날이 되면 대부분을 잊어버린 상태라는 말이다.

인풋을 아웃풋으로 연결하려면 먼저 뇌의 구조를 이해한 다음 행동해야 한다. 그것이 바로 손을 움직이면서 독서하는 것이다. 손을 움직이면 머릿속을 정리하는 결과로 이어지기에 공부의 질이 단숨에 높아진다. 수동적이 아닌 능동적인 독서가 되기 때문이다. 나라면 어떻게 할지를 생각하면서 책에 필기해 나가면 책의 내용이 남의 일이 아닌 나의 일로 변한다.

책을 깨끗하게 쓰지 말고 열심히 필기해서 자신만의 책으로 만들자. 독서를 하는 과정 속의 작은 아웃풋이 커다란 차이를 가져다준다.

05
책을 읽고 실천하는 사람
vs 배움에 만족하는 사람

즉시 행동하는 사람에게는 한 가지 특징이 있다. **바로 단 한 문장을 위해서 책을 읽는 것이다.**

당신은 어떤 목적으로 경제경영서나 자기계발서를 읽는가? 당신이 독서를 자주 하는 사람이라면 책장을 살펴보자. 어떤 유형의 책이 많은가? 단순히 책 읽기를 좋아하는 사람도 있겠지만, 그래도 누구나 즐겨 읽는 분야는 있기 마련이다. 서점에 가서 수없이 많은 책 가운데 한 권을 고른다. 당신이 그 한 권을 고른 데는 반드시 어떤 이유가 있을 것이다.

당신의 마음속에는 풀고 싶은 문제가 있다. 당신은 그 문제에 대한 답을 찾고 있다.

거래처 사람과 일상적인 대화를 나눌 때 무슨 말을 꺼내야 할지 몰라 당황하지 않으려면 어떻게 해야 할지, 어떻게 해야 사람들이 좀 더 나를 따르게 할 수 있을지, 항상 뒤로 미뤄 버리고는 후회하는 나쁜 습관으로부터 졸업하려면 무엇을 해야 할지, 여러 문제에 대한 답을 찾고 있기에 서점에서 그에 맞는 책이 눈에 들어오게 된다. 다만 책을 사서 읽다 보면 점점 기존의 목적에서 벗어나게 된다. 끝까지 읽는 것이 목적이 되며, 책을 끝까지 다 읽으면 만족감과 안정감을 느낀다.

사실은 이것이 즉시 행동하지 못하는 사람의 독서 패턴이다. '좋아, 많은 걸 배웠어.'라며 만족하고 끝이다. 그 뒤에 배운 것을 행동으로 옮기는 사람이 과연 얼마나 있을까? 머리로 이해하는 것과 행동할 수 있는 것의 사이에는 아주 큰 강이 흐르고 있다. **머리로 이해만 하고 끝내 버리는 것은 즉시 행동하지 못하는 사람의 전형적인 패턴이다.** 독서를 해서 얻은 지식을 행동에 활용하는 사람은 100명 중 고작해야 3~4명뿐이다.

즉시 행동하는 사람은 항상 새로운 행동을 위한 책을 읽는다. 그저 끝까지 읽는 것을 독서의 목적으로 삼지 않으며, 자신이 찾고 있었던 답의 힌트를 찾아내기 위해 빠르게 건너뛰면서 독서를 한다. 그래서 읽는 속도도 빠르다.

'그렇구나. 역시 그랬어.'라고 느끼는, 이미 알고 있는 내용은 굳이 다시 읽을 필요가 없다. 그런 부분을 읽고 자신의 지식을 확인한들 당신에게는 공부가 되지 않는다. 그보다는 자신의 머릿속에는 없었던, 혹은 아직 실행해 본 적이 없었던 내용과 만나는 것이 독서의 진짜 의의다.

독서를 통해 새로운 가치관이나 정보를 찾아낸다. 그리고 그것을 즉시 행동에 활용하려면 무엇이 필요한지 고민한다. 이 축에서 벗어나지 않는 것이 중요하다. **단 한 문장, 어쩌면 단 한 구절과의 만남이 당신의 인생을 바꿔 버릴지도 모른다.**

책 한 권의 가격은 만 5천 원 정도다. 비싸더라도 2만 원 안팎일 것이다. 만 5천 원에 당신의 인생이 바뀐다면 엄청난 이득이라고 생각하지 않는가? 책 한 권의 모든 내용을 이해하고 그 모든 내용이 수긍이 가는지 판단하는 것은 당신에게 의미 없는 일이다. 동의하는지 하지 않는지도 판단할 필요가 없다.

'이것이 내게 부족했던 것인지도 몰라.', '이건 지금까지 시도해 본 적 없었어.'라는 아이디어나 계기를 발굴한다. 그리고 바로 행동으로 옮긴다. 바로 이때 독서는 비로소 의미를 지니게 된다. 그렇기에 당신이 언제 그 책을 읽느냐에 따라 마음이 끌리는 한 문장이 달라지는 것은 지극히 당연한 일이다.

경제경영서나 자기계발서를 읽는 진짜 의미는 당장 내일을 바꿀 수 있을지도 모른다는 것이다. 독서는 새로운 가치관을 부여하며, 그것을 행동으로 옮기면 어제까지의 자신과는 다른 자신을 만날 수 있게 된다.

06

시행착오를 줄이는 사람
vs 줄이지 못하는 사람

책을 읽으면 시간을 절약할 수 있다. 책을 읽음으로써 타인의 경험이나 지혜를 배울 수 있기 때문이다. 책에는 당신이 하려고 하는 일과 비슷한 일을 한 사람의 성공담뿐만 아니라 실패담도 많이 적혀 있다. 그 길을 걸어서 성공한 사람이 지금까지 어떤 도전을 했고 어떤 실패나 성공을 경험해 왔는지, 성공하기까지의 여정에서 어떤 고민을 했으며 그 고민을 어떻게 극복했는지가 구체적으로 적혀 있다.

우리는 누구나 고민을 안고 있다. 항상 좋은 일만 계속되지는 않으며, 벽에 부딪힐 때도 있다. 시행착오를 거치면서 어떻게든 그 상황을 극복하려고 해도 혼자 고민해서는 행동의 선택지가 좁을 수밖에 없다. **그래서 즉시 행동하는 사람은 책에서 행동의 힌트를 얻음으로써 시행착오를 겪는 시간을 단축한다.** 즉시 행동하는 사람이 책을 읽는 목적은 '정답'을 얻기 위함이 아니다. '아하, 이런 방법도 있구나. 이 방법이라면 시험해 볼 가치가 있을지도 몰라.'라며 가설을 세우기 위해 책을 읽는다. 반면에 즉시 행동하지 못하는 사람은 책에서 오로지 정답만을 추구한 나머지 '뭐야? 나와는 처지도 다르고, 이건 이 사람이니까 성공할 수 있었던 거잖아?'라며 힌트를 얻을 기회를 스스로 걷어차 버린다.

물론 책에 적혀 있는 내용을 실천했다고 해서 반드시 좋은 결과로 이어진다는 보장은 없다. 그러나 좋은 결과를 만들어 내기 위한 힌트를 얻을 수 있다면 시도해 볼 가치는 충분하다. 시도해 보지도 않고 잘 안 됐을 때를 걱정하며 멈춰 서는 것은 너무나 안타까운 일이다. 실제로 해 보지 않고는 잘 될지 안 될지 알 수 없으며, 직접 해 봐야 깨달을 수 있는 것도 많다. 그러니 살짝 시도해 본다는 생각으로 책에 적혀 있는 내용을 아웃풋 해 보자. 생각처럼 잘 되지는 않더라도 조금만 개선하면 잘 될지도 모른다는, 다음으로 이어지는 힌트를 발견할 수도 있을 것이다.

내가 유학을 결심했을 때였다. 유학을 하려면 영어 시험에서 일정 수준 이상의 성적을 내야 했는데, 이때 스기무라 다로가 쓴 《TOEIC 900점 - TOEFL 250점으로 가는 왕도》에서 참신한 영어 단어 암기법을 만났다. 그 암기법을 처음 접했을 때는 말 그대로 신세계를 본 기분이었다. 덕분에 3개월이라는 짧은 기간 동안 영어 단어 5,000개를 외울 수 있었고, 토익 점수도 630점에서 850점까지 올렸다. 어학의 핵심은 누가 뭐라고 해도 어휘력이기에 성적이 향상된 것이다.

자신이 하고 싶은 일과 관련해 이미 좋은 결과를 낸 선구자가 반드시 존재할 것이다. 선구자의 지혜를 빌릴 수 있다면 이 방법, 저 방법을 시도해 보며 시행착오를 거치는 시간을 크게 단축할 수 있다. 방법은 다양하다. 어쩌면 자신과는 맞지 않는 것도 있을지 모른다. 그러나 시도해 보지 않고는 알 도리가 없다. 나는 독서를 통해 시간을 크게 단축할 수 있었다.

그 길을 개척해 온 사람들이나 전문가들의 이야기를 직접 들을 수 있다면 그것이 최선이겠지만, 항상 그럴 수는 없다. 한편 독서는 내가 원할 때 그들의 경험이나 생각, 노하우를 체계적으로 공부할 수 있다는 장점이 있다. 독서를 통해 얻은 것을 머릿속에서 생각만 하지 않고 간단하게 실천해 보면 0을 1로 만드는 시간을 단축할 수 있다. 만약 잘 되지 않았다면 그때 생각해도 늦지 않다.

즉시 행동하는 사람은 행동하기 위해 생각하는 것이 아니라 생각하기 위해 행동한다. 책에는 그 행동의 힌트가 가득 담겨 있다.

07

틀 밖으로 뛰쳐나가는 사람
vs 틀 안에 갇힌 사람

목표를 쉽고 빠르게 달성하기 위해서는 무엇이 중요할까? 목표 달성과 상관 없는 일은 하지 않는 것? 사물의 우선순위를 파악해서 목표를 달성하기 위해 중요한 일에 많은 에너지를 투입하는 것? 물론 중요하다. 하지만 여기에만 신경을 쓰면 아무래도 배움의 범위가 자신의 관심 범위 안으로 한정되고 만다. 경영자라고 해서 경영에 관한 책만 읽으면 그와 관련된 지식을 더욱 깊게 할 수는 있지만 폭을 넓히지는 못한다.

일이라는 것은 혼자서 할 수 있는 것이 아니며, 동료나 상사, 거래처 등 다양한 사람들과의 관계 속에서 성립한다. **그래서 즉시 행동하는 사람은 때때로 자신의 전문이 아닌 분야의 책에도 관심을 기울인다.** 그럼으로써 다른 사람의 관점을 손에 넣을 수 있고 이 글로벌 시대에 필요한 교양을 갖출 수 있기 때문이다.

학창시절 수업을 재미있게 진행했던 선생님을 떠올려 보자. 혹은 지금 당신의 주변에 있는 선배나 상사 중에 항상 재미있게 이야기를 해 몰입해서 듣게 되는 사람을 떠올려 보기 바란다. 틀림없이 무작정 자신의 생각을 강요하지 않고 다른 사람의 관점에서 이야기할 수 있는 사람, 경험이나 지식에 폭이 있는 사람일 것이다.

나는 직장생활을 해 본 적이 없다. 아르바이트를 했을 때 본 세상을 제외하면 솔직히 말해 회사 조직이라는 것을 잘 모른다. 분명히 책을 읽으면 경영자로서 무슨 생각을 하고 어떻게 행동해야 할지는 배울 수 있지만, 부장과 과장의 업무가 어떻게 다른지는 자세히 알지 못한다. 그러나 그런 자리에 있는 거래처의 사람들을 상대해야 하므로 회사의 실무와 조직체계, 사내정치 등을 다루는 책을 읽어서 상대의 입장을 이해할 필요가 있었다.

세상에는 자기 혼자서는 할 수 없는, 누군가와 함께해야 하는 일도 있다. 따라서 상대의 관점을 이해하기 위한 독서도 필요할 것이다. 그런 독서를 하면 상대와 편안하게 소통할 수 있다. 그리고 이를 위해 할 수 있는 일은 서점에 가서 평소와는 다른 코너의 책장을 살펴보는 것이다. **다른 코너의 책을 읽으면 새로운 관점을 손에 넣을 수 있다.**

어쩌면 평소에 읽지 않았던 책에서 무엇인가를 발견할 수도 있다. 가령 생물학이나 고고학 코너에 새로운 만남이 기다리고 있을지도 모른다. 이야기를 재미있게 하는 사람은 비유를 참 잘한다. 적절한 비유를 하려면 역시 자신의 전문 분야 이외의 지식이 있어야 한다.

꼬치구이도 매번 좋아하는 것만 먹어서는 새로운 만남이 찾아오지 않는다. 과거에 나는 '염통은 심장이잖아? 심장을 먹는다니, 생각만 해도 끔찍한데……'라고 생각했다.

그런데 어느 날 모둠 꼬치구이를 시켰을 때 처음으로 염통을 먹어 보고 깜짝 놀랐다. 너무나도 맛있었던 것이다.

당신에게도 이유 없이 읽기 싫은 책이 있을지 모른다. 물론 자신이 좋아하는 분야나 업무와 관련된 분야의 책을 읽고 자신을 업데이트하거나 새로운 지식을 받아들이는 '덧셈 독서'도 중요하다. 덧셈 독서는 자신의 지식에 깊이를 더해 준다. 다만 나는 곱셈 독서도 중요하다고 생각한다. 곱셈 독서란 자신이 좋아하는 분야나 업무와 관련된 분야와는 다른 분야의 책을 읽어 새로운 시점이나 지식을 받아들임으로써 '폭'을 넓히는 독서다.

다양한 분야의 좋은 책을 습관적으로 읽자. **자신의 지식에 깊이를 더하는 것도 중요하지만, 틀 밖으로 뛰쳐나갈 수 있다는 것도 독서의 중요한 매력이다.** 과감하게 자신의 틀 밖으로 뛰쳐나가자.

액티브 리딩
기본 규칙

SECRETS OF ACTIVE
READING SKILLS

01
인풋과 아웃풋의 시차는
짧으면 짧을수록 좋다

Knowing is not enough, we must apply.

(알고 있는 것만으로는 충분치 않다. 응용을 해야 한다.)

Willing is not enough, we must do.

(생각하고 있는 것만으로는 충분치 않다. 실행을 해야 한다.)

내가 금과옥조로 여기는 괴테의 말이다.

　　성장할 수 있는 사람이 성장하지 못하는 사람과 다른

점은 무엇일까? 물론 여러 가지가 있겠지만, 내가 지금까지 10년 동안 6,000명 이상을 지도해 온 경험을 근거로 분명하게 말할 수 있는 것이 한 가지 있다. **그것은 인풋과 아웃풋의 시간 간격이 매우 짧다는 것이다.** 인풋의 양과 질이 같더라도 다음의 한 발을 어떻게 내딛느냐에 따라 성과를 낼 수 있느냐 없느냐가 달라진다.

애초에 경제경영서나 자기계발서를 읽는 목적은 책에서 힌트를 얻어 행동함으로써 성과로 연결하기 위함이 아닐까? 그러므로 책 전체를 독파하는 것은 전혀 중요하지 않다. **중요한 것은 독서를 하면서 아이디어가 번뜩였거나 '내 경우는 이렇게 하면 좋지 않을까?'라며 뇌에 스위치가 켜졌을 때 그 흐름을 어떻게 행동으로 연결하느냐다.**

분명히 독서를 하면 타인의 경험이나 사고를 접할 수 있으며, 참신한 사고방식이라고 감탄할 때도 있다. 그러나 그것을 남의 일로만 받아들여서는 성과로 연결할 수 없다. 항상 나라면 어떻게 할지, 당사자라고 생각하면서 책을 읽자. "쇠는 뜨거울 때 두드려라."라는 말이 있다. 아이디어가 떠오른 그 순간으로부터 행동으로 이어지는 흐름을 중요시할 때 비로소 독서가 성과로 이어진다.

예를 들어 책을 읽다가 어떤 내용을 보고 활용 가치가 있겠다는 생각이 들었다면 그 사고의 흐름이 멈추지 않도록 즉시 책을 덮고 좀 더 깊게 생각한다. 그리고 그 생각을 필기하면서 구체적인 행동으로 연결하는 데 철저히 집중한다.

이를 위해서는 먼저 책을 끝까지 다 읽어야 한다는 생각을 버려야 한다. 독서의 효과를 최대로 끌어내지 못하는 원인은 책을 반드시 끝까지 다 읽어야 한다고 생각하는 데 있다. 이 생각을 버리지 않는 한 독서에서 별다른 가치를 창출해낼 수 없다. 책을 끝까지 읽었다는 만족감만을 얻을 뿐이다.

자기만족을 하기 위한 독서가 아닌 성과를 만들어 내는 독서를 하자. **그러려면 자신을 움직이게 하는 '한 구절'을 만난 순간 움직이기 시작해야 한다.** 인풋과 아웃풋의 시간 차time leg를 만들지 않는 것이 포인트다.

책을 읽고 실천하는 것이 중요하다

행동으로 옮기는 사람

오, 이거 좋은 아이디어인데?

30분 후

즉시 실천!

인풋과 아웃풋의 간격이 짧다.

행동으로 옮기지 못하는 사람

오, 이거 좋은 아이디어인데?

1시간 후

재미있는 책이었어.

실천하지 않는다.

아웃풋의 기회를 잃는다.

02
문제가 명확해야
독서의 목적이 생긴다

당신이 수많은 책들 가운데 특정한 한 권을 고른 데는 반드시 어떤 이유가 있을 것이다. 고객과 대화를 좀 더 능숙하게 할 수 있었으면 좋겠다고 생각해서, 요즘 부쩍 인간관계에서 피로함을 느껴서, 앞으로 이 세상이 어떻게 변화할지 알고 싶어서, 시간을 효율적으로 관리해 자유 시간을 확보하고 싶어서, 아니면 우유부단한 나를 바꾸고 싶어서

일 수도 있다. 그런 마음의 소리에 귀를 기울여 당신이 느끼고 있는 문제를 명확히 하면 그 책을 읽는 목적도 분명해진다.

책을 읽기 전에 그 책을 읽는 목적을 명확히 하자. 그러면 자신에게 중요한 부분과 중요하지 않은 부분을 확실히 구별할 수 있게 된다. 반대로 목적을 확인하지 않고 책을 읽기 시작하면 자신과는 관계가 없는 부분까지 무작정 읽게 되며, 그런 식으로 책을 읽으면 구체적인 행동으로 이어지지 않는다.

물론 독서의 즐거움이 그것만은 아니다. 생각지도 못한 발견을 하는 것도 독서의 커다란 즐거움이다. 다만 목적을 벗어나지는 않도록 하자. 목적을 명확히 하는 것은 낚싯바늘을 만드는 것과 같다. 심리학에는 컬러 배스 효과color bath effect라는 용어가 있다. 어떤 한 가지를 의식하고 있으면 무의식 중에 그와 관련된 정보가 계속 모여들게 되는 현상을 가리킨다. **이처럼 독서를 하는 목적을 명확히 하고 책을 읽으면 책에 담겨 있는 대량의 정보 속에서 자신에게 필요한 정보를 끌어내기가 쉬워진다.** 독서를 통해 새로운 정보나 노하우를 손에 넣고 행동으로 연결해 보면 당신의 고민을 해결하거나 더 나은 삶의 방식, 일의 방식을 찾아낼 수 있게 되는 것이다.

The power to question is the basis of all human progress.

(질문을 하는 힘이야말로 모든 성장의 기초다.)

인도의 제3대 총리였던 인디라 간디가 남긴 말이다. 독서를 성과로 연결하는 비결은 자신에게 질문을 던지는 것에 있다. 무작정 책을 읽지 말고, 책을 읽기 전에 자신의 내부에 존재하는 문제의식을 명확히 해 보자.

- 나는 왜 이 책을 손에 들었는가?
- 나는 어떤 문제를 해결하고 싶은가?
- 나는 이 책에서 무엇을 기대하고 있는가?
- 나는 왜 이 책을 샀는가?

분명히 제목이나 표지 디자인에 끌려 구입한 책도 있을 것이고, 요즘 항간에 화제가 되고 있어서 산 책도 있을 것이다. 그러나 이유가 무엇이든 당신의 내부에서 무엇인가 마음이 움직였기에 그 책을 구입했음은 분명하다. 미처 인식하지 못했던 문제를 해결하고 싶어서 책을 산 것이 아닐까? 마음속에 존재하는 문제의식을 명확히 하기 위한 시간을 가져 보자.

마음속에 있는 문제의식을 글로 쓴다!

잡담에 능숙해지면 사람들과 더 친해질 수 있겠지?

이 책을 사서 공부하면 고객이 나한테 속마음을 털어놓도록 유도할 수 있을 거야!

제1장
왜 잡담이
필요한가?

잡담 속에서
고객의 본심을
듣고 싶어.

책의 첫머리에
적어 놓는 것도
좋다.

"
즉시 행동하는 사람은 마음속에 있는 문제의식을
명확히 하고 책을 읽는다.
"

03

A4 용지를 사용해
문제의식을 명확히 해 보자

자신의 문제의식을 명확히 하고 싶을 경우에 추천하는 방법은 머릿속의 생각을 A4 용지 한 장에 닥치는 대로 적어 보는 것이다.

우리는 매일 언어를 사용해서 머릿속을 정리하며 살지만, 그럼에도 역시 말로는 표현하기 힘든 감정을 마음 속에서 발견할 때가 있다. 문법이나 문장의 연결 같은 것은 신경 쓰지 말고 머릿속에 떠오른 말을 그대로 A4 용지에 분출한다는 느낌으로 적어 나가면 머릿속이 깔끔하게 정리되어 간다. 물론 컴퓨터에 타이핑을 하는 편이 겉모습은 깔끔할지도 모르지만, 지금 중요한 것은 겉모습이 아니다. 머릿속을 정리하는 것이다.

먼저 책의 제목과 표지를 대충 살펴보고 머리말과 목차를 훑어본 다음 고민이나 문제를 A4 용지 한 장에 적어 보자. 내가 추천하는 방법은 A4 용지 한 페이지에 한 건씩 적어 나가는 것이다. 아래 그림처럼 한가운데에 간단하게 주

부하 직원과
소통을 잘하고 싶다.

먼저 A4 용지의 한가운데에
해결하고픈 과제를 적고,
그다음에는 자유롭게 적어 나간다.

제를 적은 다음 쓰고 싶은 곳에 자유롭게 적어 나간다. 문장의 연결이나 문법 같은 것은 신경 쓰지 말자.

"부하 직원들이 내 생각대로 움직여 주지 않아."

"소통이 제대로 되고 있지 않은 것 같아."

이 같은 문제의식이 있다면 목차나 서문을 읽은 뒤에 관련 에피소드도 정리해서 적어 나간다.

경영자라면 '고객 유치'라는 문제를 안고 있을 것이다. 여기에는 어떤 에피소드가 있을까? 고객을 끌어 모으기 위해 많은 방법을 시도했을 것이고 아직 실행하지 않은 방법도 있을 것이다. 시도 중이지만 생각처럼 잘되지 않는다면 그 방법이 틀렸기 때문일 수도 있다. 아직 시도하지 않은 방법은 왜 실행하지 않았는지 의문도 있을 것이다. 그렇다면 그가 책을 읽는 목적은 시도한 방법을 재검토하거나 개선하기 위함이 아닐까? 더불어 새로운 방법을 효과적으로 시행할 순서를 찾기 위함일 수도 있다.

책은 어디까지나 저자의 지식과 지혜를 집결시킨 것에 불과하며, 남의 일이다. **문제의식을 명확히 할 때 비로소 그 책에 적혀 있는 내용이 나의 일이 된다.**

A4 용지에 적어 보는 내용의 예시

- 문제 중에서 자신이 하고 있는 것
- 문제 중에서 자신이 하고 있지 않은 것
- 그 문제에서 무엇에 관심이 있는가?
- 왜 그 문제인가?
- 그 문제를 해결한 뒤에 하고 싶은 것
- 왜 A씨는 잘하고 있을까?
- 왜 A사는 잘하고 있을까? 등

"
**머릿속에 떠오른 생각을 닥치는 대로 적어서
문제의식을 명확히 한다!**
"

04

스캐닝으로
목적을 빠르게 달성한다

문제의식을 명확히 하는 데 성공하면 목차만 훑어봐도 관심이 가는 부분이 명확하게 드러날 것이다. 소설은 별개이지만, 책을 읽을 때 꼭 처음부터 순서대로 꼼꼼히 읽을 필요는 없다. 오히려 자신에게 필요하다고 느끼는 부분부터 읽어 나가는 것이 더 좋다.

스키밍skimming과 스캐닝scanning이라는 개념이 있다. 영어

교재에서 접한 적이 있는 사람도 있을 것이다. 이것은 본래 영어의 장문 독해 문제를 공략하기 위해 영문을 빠르게 읽고 필요한 정보를 얻고자 할 때 사용하는 기술이다. **이를 독서법에 대입하면, 스캐닝은 대량의 정보 속에서 자신이 원하는 특정 정보를 찾아내는 기술이라고 할 수 있다.**

사실 스캐닝은 우리가 일상적으로 하는 행동이기도 하다. 예를 들어 인터넷 쇼핑 사이트에서 배송료를 알아보려고 할 때 그 사이트에 적혀 있는 안내문을 전부 꼼꼼히 읽어 보는 사람은 없을 것이다. 배송료가 적혀 있는 부분만 살펴보지 않을까? 일기 예보도 마찬가지다. TV에서 "내일의 날씨입니다."라는 말이 들렸을 때 제일 먼저 시선이 향하는 곳은 당신이 살고 있는 곳의 날씨일 것이다. 왜 그럴까? 그 이유는 당신이 원하는 정보가 그곳에 있기 때문이다. 이처럼 우리는 스캐닝을 일상적으로 활용하고 있지만, 스캐닝을 독서에 적용하고 있는 사람은 많지 않다. 부디 앞으로는 스캐닝을 독서에 활용해 보기 바란다.

내가 외국의 대학원에 입학했을 때의 이야기다. 일본의 대학에 비해 책을 많이 읽어야 한다는 이야기를 듣기는 했지만, 그 양은 내가 상상했던 것보다 훨씬 많았다. 대학원의 입학 오리엔테이션에서 건네받은 강의 계획서에 과제 도서가 적혀 있었는데, 매주 10권 정도를 읽어야 했던 것이다. 아무리 생각해 봐도 그 책들을 전부 읽기에는 시간이 턱없이 부족했다. 게다가 매번 강의가 끝나면 다음 강의에 대비해 과제 문헌을 읽고 의견을 정리해야 했으며, 정리한 의견은 다음 주의 수업 시간에 실시되는 그룹 토론의 재료가 되었다. 내가 정리한 내용을 같은 수업을 듣는 친구들이 읽고 토론하기 때문에 대충 써 오는 것은 용납되지 않았다.

이런 환경이었기에 나는 내가 찾고 있는 정보가 적혀 있는 부분을 특정해 필요한 정보를 뽑아내는 기술을 익혀야 했으며, 그 결과 독서에 대한 나의 자세도 크게 바뀌었다. 당신에게도 스캐닝을 익힐 것을 강력하게 권한다.

자신의 내부에 존재하는 문제의식을 명확히 하고 그것을 해결해 줄 수 있는 부분으로 한정해서 읽어 보는 것이 중요하다. 책에서 얻은 정보를 하나라도 활용하는 데 성공한다면 그것은 충분히 의미 있는 독서다. 이를 위해 자신에게 필요한 정보를 빠르게 찾아낸다는 의식을 갖도록 하자.

다시 한 번 말하지만, 목적을 명확히 한 상태에서 책을 읽는 것이 중요하다.

스캐닝 하는 법

① 현재 자신이 가진 문제의식을 명확히 한다.

↓

② 목차를 읽고 문제의식에 대한
답이 있을 것 같은 부분을 찾는다.

↓

③ 그 부분을 중점적으로 꼼꼼하게 읽는다.

"
책을 읽을 때는 물론이고,
정보를 효율적으로 취득할 때 유용하다!
"

05

책을 내려놓고

확실하게 행동으로 옮기자

독서를 할 때 욕심은 금물이다. 스캐닝을 통해서 흥미가 가는 부분을 찾아내 읽었다면 즉시 행동으로 옮기자.

가장 안 좋은 패턴은 기왕 책을 읽기 시작했으니 최대한 많은 정보를 얻자는 생각에서 책을 계속 읽다가 아웃풋을 못하게 되는 것이다. 하물며 우리에게는 매일 해야 할 일이 산더미처럼 쌓여 있다. 안 그래도 처리해야 할 업무,

해야 할 공부가 많은데 독서를 통해서 실천할 일을 잔뜩 만들어 버리면 결국은 수습할 수 없게 된다.

이것도 하고 저것도 하려고 하면 전부 어중간해지고 만다. 이른바 멀티태스킹 상태가 되어서 무기력한 상태에 빠지는 원인이 될 수도 있다. 일도 그렇지만, 이것저것 해야한다는 생각이 머릿속을 맴돌면 마음도 차분해지지 않고 집중도 안된다.

책 한 권에 처음부터 끝까지 전부 유용한 내용만 담겨 있는 것은 아니며, 사람마다 필요한 정보도 다르다. 다양한 책에서 자신에게 도움이 될 것 같은 항목만을 골라 읽고 아웃풋에 활용하자. **아웃풋이 가능할 것 같은 부분을 골라서 읽고 실천한다.** 이것으로 충분한 것이다.

저자의 관점에서 말하면, 자신이 쓴 문장 하나에 누군가의 인생이 바뀐다면 이미 그것만으로 대성공이다. 물론 저자는 모든 내용이 도움이 되기를 바라며 정성을 다해 책을 썼겠지만, 현실적으로 모든 내용이 독자에게 유용한 경우는 거의 없다. 설령 내용의 99퍼센트가 그 독자에게 도움이 되지 않았더라도 1퍼센트가 커다란 변화를 낳았다면 대성공이다.

읽기 힘든 책은 억지로 읽지 않아도 된다. 자신과는 맞지 않다고 느꼈다면 설령 읽기 시작했더라도 도중에 그만두자. 시간은 자신에게 필요 없는 책을 억지로 읽어도 될 만큼 남아돌지 않는다. 얼른 다른 책을 읽기 시작하자.

이렇게 말을 해도 "그래도 내 돈을 주고 산 책인데…….", "기왕 읽기 시작했으니까……."라며 계속 읽으려는 사람이 있다. 그런 사람들은 부디 불필요한 일에 시간을 쓰는 것은 세상에서 가장 큰 낭비임을 자각하기를 바란다. 지금의 자신에게는 어려운 내용이지만 명저로 명성이 자자한 책일 경우는 일단 책 읽기를 보류하면 된다. 그 대신 먼저 입문서부터 읽어 보는 쪽으로 방향을 전환해 보자.

도중에 읽기를 그만두는 것은 언뜻 만 5천 원을 들인 투자에 실패한 것으로 보일지도 모른다. 그러나 실패를 인정하고 싶지 않아서 억지로 계속 읽으며 시간을 낭비하는 것은 더욱 큰 실패다. 읽는 것이 목적이 아니라 확실히 행동으로 옮기는 것이 목적임을 명심하고 진짜 목적에서 벗어나지 않도록 하자.

가능한 것만 실천하는 것이 중요하다

행동으로 옮기는 사람

좋았어, 일단
이걸 해 보자.

할 일을
한 가지로 좁히면
행동하기가
쉽다!

행동으로 옮기지 못하는 사람

할 일

했으면
하는 일

해야 할
일

할 일

이것도 하고
저것도 하려고 하면
아무것도 할 수 없으며,
하더라도 꾸준히
하지 못한다.

앞에서 스캐닝이라는 독서법을 소개했다. 나의 문제의식을 명확히 하고 관련 정보가 나와 있는 부분을 빠르게 특정한 뒤 그 부분을 꼼꼼히 읽고 다음 행동으로 연결하는 방법이었다.

그런데 자신에게 필요한 정보가 적혀 있는 부분을 읽어봤더니 굉장히 재미있어서 다른 부분도 읽고 싶어지는 경우 또한 적지는 않을 것이다. 그럴 때 주의해야 할 점은 책을 읽는 속도가 너무 느리면 책 읽기가 지겨워질 수 있다는 것이다. 사람은 몰두하고 있는 일이 좀처럼 진도가 나가지 않으면 지겨워지고 피로감을 느낀다. 그래서 도중에 책을 읽기가 싫어질 가능성도 있다.

과거에 나는 독서를 전혀 하지 않았을 뿐더러 공부도 싫어했기 때문에 국어 실력 역시 당연히 낙제 수준이었다. 그래서 그런 나 자신을 바꾸고자 입시 공부를 할 때 논리 구조를 이해하는 데 가장 힘을 쏟았고, 결국은 국어 선생님에게 '요약의 쓰카모토'라는 말을 들을 만큼 문장의 논리 구조를 파악하면서 읽는 실력을 키우게 되었다.

방법은 간단하다. 스키밍이라는 기술이다. 스킴skim은 '위에 뜬 찌꺼기를 걷어낸다.'라는 뜻으로 저자가 전하고자 하는 중요한 메시지를 빠르게 뽑아낸다는 의미로도 사용된다. 스킴밀크탈지유를 떠올리면 이해하기가 쉬울지도 모르겠다. **뜻 그대로 문장의 요점을 뽑아내면서 읽는 기술인 것이다.** 액티브 리딩에서는 이 스키밍이 매우 중요한 요소다.

결국은 책도 커뮤니케이션 도구다. 저자는 자신이 말하고 싶은 바가 제대로 전달되도록 알기 쉽게 글을 쓴다. 전하고자 하는 메시지만 나열하면 이해하기 어려우므로 경험담이나 통계 데이터를 인용하면서 이해하기 쉽고 설득력 있는 스타일로 글을 쓰는 것이다.

이때 중요한 점은, 하나의 장chapter에서 저자가 전하고자 하는 메시지는 하나뿐이라는 것이다. 장마다 제목이 있고 소제목이 있다. 대부분의 경우 저자가 전하고자 하는 메시지는 제목마다 하나뿐이라고 생각하면 틀림없을 것이다. 나머지 부분은 그 메시지를 지원하는 역할에 불과하다. 스키밍을 효과적으로 하려면 문장의 논리 구조를 이해하는 것이 중요하다.

메시지를 이해할 때 필요 없는 부분을 건너뛰면서 읽으므로 당연히 읽는 속도가 빨라지며 요점도 명확하게 파악할 수 있다. 매우 효율적인 독서법이라고 할 수 있다.

전하고자 하는 메시지는 한 가지!

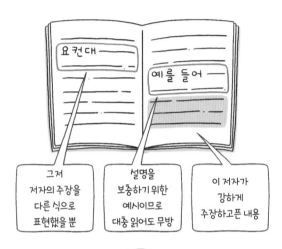

요컨대

예를 들어

그저
저자의 주장을
다른 식으로
표현했을 뿐

설명을
보충하기 위한
예시이므로
대충 읽어도 무방

이 저자가
강하게
주장하고픈 내용

"
문장의 논리 구조를 파악했으면
필요 없는 부분은 건너뛰어도 된다.
"

07

감정의 변화를
놓치지 않는다

자신의 문제의식이나 그 책에 기대하는 바를 명확히 하는 것은 비유하자면 낚싯바늘을 만드는 것과 같다. 문제의식을 명확히 하면 정보가 걸려들기 쉬워지는 것이다.

그런 다음 책을 읽어 나가면, '오, 이건 시도해 본 적이 없었어.', '이래서 내가 실패했던 건가?', '그렇구나. 이렇게 생각할 수도 있겠어.' 같은 생각이 들게끔 하는 정보를 만날 때가 있다. 다시 말해 당신의 감정이 움직이는 순간이 찾아오는 것이다. **이 순간을 놓쳐서는 안 된다. 새로운 가치관이나 행동을 도입할 기회이기 때문이다.** 바꿔 말하면 내 안에 굳게 자리하고 있는 가치관이나 행동 패턴을 부술 기회라고도 할 수 있다. 이 순간이 의욕이 최고조에 다다르는 시기이다. 이때 구체적인 행동을 하지 않고 '나중에 다시 조사해 보자.', '내일 일어나서 곧바로 해 보자.', '책갈피를 꽂아 놓았다가 나중에 다시 읽어 보자.'라는 식으로 생각해 버리면 모처럼 찾아온 기회를 놓치고 만다. 그 정보가 머릿속에서 지워져 버리거나 바쁘다는 이유로 행동을 뒤로 미루게 될 수 있는 것이다.

그 기회가 찾아온 순간 책을 덮고 아웃풋을 해야 한다. 즉시 행동하라는 말이다. 책 읽기를 멈추고 일단 행동해 보기를 습관화하는 것이 중요하다.

물론 배운 내용을 즉시 물리적으로 실천할 수 없을 때도 있을 것이다. 예를 들어 전철에서 책을 읽고 있다면 시도해 보고 싶은 아이디어와 만났더라도 즉시 행동하기가 불가능하다. 그럴 때는 자신에게 이메일을 보내자. 이 행동하나가 커다란 차이를 만들어 낸다.

"작은 차이가 큰 차이를 낳는다."라는 말이 있다. 작은 차이가 쌓이면 그것이 큰 차이를 만들어 낸다는 뜻이다. 매일 지금의 자신보다 1퍼센트 성장하기를 반복하면 365일 후, 다시 말해 1년 후에는 약 38배나 성장할 수 있다. 하루 아침에 크게 변화할 수는 없지만, 1년 동안 노력을 거듭한다면 큰 차이를 만들 수 있다. 그리고 이것을 3년 동안 계속하면 대체 얼마나 큰 변화가 만들어질지 상상이 가는가?

독서를 하면서 감정의 변화가 일어난 순간에 아웃풋을 한다. 이것을 습관화하자. 커다란 변화를 맞이할 기회를 살리느냐 놓치느냐는 그 순간에 결정된다. 독서 중에 일어나는 감정의 변화를 극대화시켜 구체적으로 아웃풋 한다는 작은 행동이 커다란 차이를 만들어 나가는 것이다.

해야 할 일은 단순하다. 독서 중에 감정이 움직이면 책을 내려놓자. 책을 끝까지 읽는 것보다 그 순간에 행동을 시작하는 것이 훨씬 중요하다.

이거 한번 해 보자.

출근하자마자 즉시 행동한다!

매일의 습관으로 만든다.

감정의 변화가 일어났다면 기회가 찾아온 것!

끝까지 읽어야 해……

의욕 DOWN

> **"**
> 감정의 변화가 일어났다면
> 무조건 즉시 움직이자!
> **"**

08

감정의 변화가 일어났다면
손을 움직이자

감정의 변화가 일어났을 때는 일단 손을 움직이자. 즉시 행동으로 옮기고 싶어도 그러기가 힘든 상황일 경우가 많기 때문이다. 예를 들어 영업에 관한 책을 읽다가. '오오, 이건 좋은 아이디어인데? 시도해 보자.'라는 생각이 들었더라도 현재 자신이 영업에 종사하지 않는다면 당장 실천할 수는 없다.

그럴 경우, "지금의 업무에 대입해서 이렇게 해 보자." 라고 해당 페이지의 여백에 적어 놓는다. 이때 책을 더럽히는 것에 대한 저항감을 미리 없애 놓을 필요가 있다. 책은 청바지와 비슷하다. 청바지의 매력은 물 빠짐이다. 오래 입을수록 고유의 멋이 생겨나며 체형에 맞춰 길이 든다. 오래 입음으로써 자신만의 에이징을 즐길 수 있다는 점이 가장 큰 매력인 것이다. 책도 마찬가지다. 책에 자신의 생각이나 아이디어를 적어 넣어 자신만의 멋을 추가할 때 비로소 나만의 책이 완성된다고 할 수 있다. **펜을 들고 메모하면서 자신만의 독자적인 책을 만들어 나간다는 의식을 가져 보자.**

내가 펜으로 메모할 것을 추천하는 이유는 앞에서 이야기한 바와 같다. 펜을 한 손에 들고 책을 읽으면 여러 가지 생각이 떠오르게 된다. 또한 나중에 메모장에 정리하자고 생각하면 실천하지 않고 끝날 때가 많다. 이것은 너무나도 안타까운 일이다.

책을 읽다 생각이나 아이디어가 번뜩이면 여백이나 빈 페이지에 적극적으로 메모하자. 또한 필기할 때 독서가 멈추는 것에 거부감을 느끼는 사람도 있겠지만, 이것은 전혀 신경 쓸 필요가 없다. 독서의 목적은 책을 처음부터 끝까지 읽는 것이 아니라 자신의 성장으로 연결하거나 구체적인 성과를 내는 것이기 때문이다.

이제부터는 펜으로 메모하면서 읽어 보자.

감정의 변화가 일어났지만 즉시 행동할 수 없다면?

여백에 메모

감정의 변화가 일어났지만
즉시 행동할 수 없는
상황이라면

바로 책의 여백에 메모한다.

"
찾아온 감정의 변화를 살리기 위해
여백에 메모한다!
"

09

포커스&점프로
필요한 부분만 꼼꼼하게 읽는다

책을 빠르게 읽을 필요는 전혀 없다. 오히려 천천히 읽는 편이 더 좋은 경우도 있다. 독서의 목적은 읽는 것이 아니라 독서에서 아웃풋의 힌트를 얻고 그것을 구체적으로 아웃풋 하는 것이다. 중요한 부분조차 빠르게 읽으려 하면 자칫 제대로 이해하지 못할 수도 있기 때문이다. **확실히 이해하고 싶은 부분이나 자신에게 중요도가 높은 부분은**

천천히 꼼꼼하게 읽어야 한다.

새로운 분야의 책에 도전할 때는 아무래도 읽는 데 시간이 걸리기 마련이다. 그 분야의 어휘나 배경지식을 알고 있는지에 따라 책 읽기의 난이도가 달라지기 때문이다.

인터넷을 이용할 때 '캐시'라는 말을 본 적이 있는 사람도 많을 것이다. 웹 브라우저는 한 번 들어간 웹 페이지나 그 페이지에서 사용된 이미지를 캐시로서 디스크에 저장한다. 그래서 한 번 접속한 페이지는 읽어 들이는 속도가 빠르며, 덕분에 금방 접속할 수 있다. 인간의 뇌도 이와 같아서, 한 번 읽은 적이 있는 글이나 이미 알고 있는 정보를 접하면 빠르게 처리할 수 있다.

따라서 읽는 데 시간이 걸린다는 것은 그만큼 뇌가 새로운 정보를 받아들이고 있다는 뜻이다. 책 읽는 속도가 느려 답답하다면 나는 지금 독서 경험치를 쌓아 나가는 중이라고 생각해 보자.

나는 독서를 할 때 이미 알고 있는 정보를 만나면 그 부분은 빠르게 건너뛴다. 책을 읽는 목적은 이미 알고 있는 내용을 몇 번씩 꼼꼼하게 읽는 것이 아니라 내가 모르는 정보나 생각을 얻는 것이기 때문이다. 독서라는 행위 자체보다 독서로 얻은 지혜나 노하우를 발판 삼아 새로운 단계로 나아가는 것을 훨씬 중요하게 여긴다.

실제로 사물의 진리라는 것은 어느 정도 한정되어 있으며, 시대가 바뀌더라도 그다지 크게 달라지지 않는 경우가 많다. 《논어》나 《맹자》 등의 고전이 지금도 인기를 끄는 이유도 여기에 있을 것이다. 그렇기에 책을 읽다 보면 이전에 어디서 읽어 본 것 같다는 생각이 드는 경우가 종종 있는데, 그때는 그 부분을 건너뛰고 다음 항목으로 넘어간다.

하나라도 새로운 아이디어를 내 것으로 만들 수 있었다면 그 책은 이미 큰 역할을 한 것이다. 이런 마음가짐으로 책과 마주해 보면 어떨까?

조금이라도 더 빠르게 읽고 싶다면 논리의 구조를 이해하면서 읽을 것을 권한다. 그런 사람을 위해 논리의 구조를 파악하는 방법을 소개하겠다. 틀림없이 빠르게 책을 읽을 수 있게 될 것이다.

범위를 좁혀서 읽어야 할 부분만 읽는다!

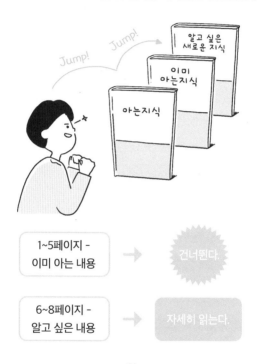

> "
> 알고 있는 내용은 건너뛰면서
> 알고 싶은 부분을 중점적으로 읽는다!
> "

10
핵심 메시지를 찾고
논리 패턴을 공략한다

책을 쓸 때 단락을 나누지 않고 무작정 길게 쓰면 굉장히 읽기 힘든 책이 되어 버린다. 그래서 읽기 쉽도록 챕터를 나누고 소제목을 단다. 그리고 하나의 챕터에는 저자가 전하고자 하는 메시지가 대체로 한 가지 담겨 있다. 복수의 메시지를 전하고 싶을 때는 새로운 챕터로 나눈다. 안 그러면 무슨 말을 하고 싶은지 알 수가 없어져서 글을 읽는

데 어려움을 겪게 되기 때문이다.

저자가 전하고자 하는 메시지는 한 챕터에 하나뿐이므로, 그 메시지를 찾아낸다면 그 문장의 덩어리가 하고 싶은 말이 무엇인지 파악한 셈이 된다. 그 핵이 되는 메시지 이외에는 그 메시지를 알기 쉽게 전하기 위한 보조역에 불과하다.

"새로 생긴 그 가게, 맛있으니까 한번 가 봐."

이 말만 들어서는 '무엇이', '어떻게' 맛있는지 이미지를 그릴 수가 없다. 맛있다고만 말해서는 지나치게 추상적이기 때문에 메시지가 '어렴풋이' 전해질 뿐이다. '그래? 나도 빨리 가 봐야겠네!'라는 생각까지는 들지 않는다.

이와 마찬가지로 저자가 주장만 할 뿐 마땅한 이유나 근거를 제시하지 않는다면 독자의 머릿속에서는 '하고 싶은 말이 뭔지 어렴풋이 알 것 같기는 한데, 구체적으로 어떻다는 거야?'라는 의문과 찜찜함이 생긴다. 즉 구체적인 이미지를 떠올리지 못한다. 그래서 주장을 보조할 문장을 추가함으로써 메시지를 알기 쉽게 전하는 것이다.

나는 대학 입시 공부를 할 때 이 논리 패턴을 배웠고 이는 그 뒤에도 나의 자산이라고 부를 수 있을 만큼 중요한 기술이 되었다.

주장을 보조하는 문장은 대표적으로 구체적인 예(경험), 인용, 대비, 인과 네 가지가 있다.

먼저 구체적인 예에 대해 알아 보자. 음식점을 추천할 때 "새로 생긴 그 가게, 맛있으니까 한 번 가 봐."가 아니라 "성게 파스타를 주문했는데, 둥근성게 한 상자를 전부 썼더라고!"라고 말하면 성게를 좋아하는 사람은 머릿속에서 구체적인 이미지를 만들 수 있다. 책도 마찬가지로, 저자는 전하고자 하는 메시지를 구체적으로 전하기 위해 실제 경험에 근거한 일화를 인용함으로써 독자가 구체적으로 이미지를 만들 수 있게 한다.

번역서는 특히 이런 경향이 두드러진다. 조슈아 베커가 쓴 《작은 삶을 권하다》의 한 단락을 보자.

"2008년의 전몰장병 기념일미국의 공휴일. 5월의 마지막 월요일이다-옮긴이은 아침부터 매우 쾌청했다. 5월 말의 버몬트 주에서는 매우 보기 드문 날씨다. 그래서 나와 아내 킴은 이렇게 날씨가 좋을 때 쇼핑과 잡다한 집안일을 해치우기로 했다.

봄 대청소를 단번에 끝낸다는 원대한 목표를 세운 것이다. 시작은 차고 정리였다."

일화라는 구체적인 예는 메시지를 보조하는 역할이다. 그러므로 어떤 의미에서는 건너뛰고 읽어도 필자가 전하고자 하는 메시지를 이해할 수 있다. 일화의 분량이 너무 많다 싶을 경우는 빠르게 건너뛰고 전하고자 하는 메시지를 찾으면 되는 것이다.

11
인용, 대비, 인과의
논리 패턴을 파악한다

이어서 인용의 패턴을 살펴보자.

"얼마 전에 연예인 A가 인스타그램에서 이 가게 파스타가 굉장히 맛있다고 추천했어."

"맛집 사이트에서 평가가 꽤 좋더라."

이런 말을 들으면 당신도 흥미가 생길 것이다.

토머스 에디슨은 "나는 단 한 번도 실패한 적이 없다.

그저 성공적이지 못한 방법을 1만 가지 찾아냈을 뿐이다.”
라는 명언을 남겼다. 실패는 흔히 부정적으로 인식되지만,
관점에 따라서는 자신에게 필요한 과정 중 하나로 생각할
수도 있다. 눈앞의 상황을 어떤 시각으로 바라보느냐가 그
사람의 의욕을 크게 좌우하는 것이다.

여기에서 에디슨의 말은 저자가 전하고자 하는 메시지
의 설득력을 높이는 보조 역할을 한다. “눈앞의 상황을 어
떤 시각으로 바라보느냐가 그 사람의 의욕을 크게 좌우한
다.”라는 말을 하고 싶다고 가정하자. 그러나 단순히 “눈앞
의 상황을 어떤 시각으로 바라보느냐가 그 사람의 의욕을
크게 좌우한다.”라고만 말하면 독자는 그렇구나 하고 생각
할 뿐 구체적인 이미지를 떠올리지 못한다. **그래서 명언이
나 누군가 다른 사람의 일화, 통계 데이터 등을 인용해 전
하고자 하는 메시지의 설득력을 강화하는 도구로 사용하
는 것이다.**

다음으로 대비에 관해서도 이야기해 보자.

“둥근성게 한 상자를 사려면 못해도 6,000엔 정도는
줘야 하잖아? 그런데 그 가게에서는 둥근성게 한 상자를

전부 사용한 파스타를 5,000엔에 먹을 수 있어.”

가격을 비교함으로써 맛있는 음식을 상대적으로 저렴한 가격에 사 먹을 수 있는 가게라는 메시지를 전하는 데 성공했다.

“케임브리지에는 24시간 영업을 하는 편의점이 없고, 겨울철에는 5시에 문을 닫아 버리는 가게가 많아서 참 불편했습니다. 그에 비하면 일본이 정말 생활하기에 편리한 나라임을 절감했지요.”

이렇게 말하면 일본이 얼마나 생활하기에 편리한 나라인지가 전해질 것이다. 설득력을 갖춘 메시지를 전하기 위해 의도적으로 반대의 성질을 지닌 것을 가져와서 비교하는 방법이다.

인과관계는 다음과 같다.

“새로 생긴 그 가게, 맛있으니까 한번 가 봐. 요전에 다나카 씨하고 스즈키 씨와 같이 갔었는데, 두 사람 모두 맛있었다면서 굉장히 만족해했어.”

그 가게가 맛집임을 발견함으로써 타인을 만족시킬 수 있었다는 결과를 불러온 것이다.

예를 들어 책에 이렇게 적혀 있다고 가정하자.

"매일 밤, 잠자리에 들기 전에 하루를 되돌아보는 시간을 가져 보십시오. 저는 매일 그날을 되돌아보는 일의 중요성을 깨달은 뒤로 업무가 원활해지기 시작했습니다."

매일 그날을 되돌아보는 시간을 갖는 습관이 중요하다는 메시지를 전하고자 하는 것이다. 그리고 그 습관의 효과를 알기 쉽게 전하기 위해 업무가 원활해지기 시작했다는 결과를 소개했다.

이처럼 문장의 구조를 이해하면 저자가 전하고자 하는 메시지를 빠르게 이해할 수 있게 되므로 책을 읽는 속도가 자연스럽게 빨라진다.

메시지만을 빠르게 이해하면서 여기다 싶은 부분은 건너뛰기를 멈추고 천천히 꼼꼼하게 읽어 나가면 배움이 큰 독서를 할 수 있다. **이 구조를 효과적으로 이해하면서 문장을 읽을 수 있게 되면 당신의 문장력도 향상되며 프레젠테이션도 잘할 수 있게 될 것이다.** 자신이 이야기할 때도 구조를 의식하면서 하게 되기 때문이다.

질문을 하나 하겠다. 이 챕터에서 내가 전하고자 한 메시지는 무엇이었을까? 그렇다. '논리 구조를 이해하면 문장을 읽는 속도가 빨라진다.'라는 것이었다. 이 한 가지를 제외한 나머지는 구체적인 예를 들면서 왜 그렇게 되는지를 설명한 것에 불과하다.

12
아웃풋의 열쇠는
움직이기, 공유하기, 모으기

액티브 리딩의 핵심 개념은 인풋 한 내용을 아웃풋 할 때 비로소 인풋 한 내용이 '활용 가능한 지식' 또는 '실천 가능한 기술'로 바뀐다는 것이다. 다시 말해 독서를 통해서 만난 지식으로 무엇을 하냐다. 책을 많이 읽으라고 권했지만, 한 달에 읽은 책의 권수를 다른 사람들과 경쟁하는 것은 의미가 없다. 인풋만 하는 것은 단순한 자기만족일 뿐이다.

여기까지 읽은 독자라면 이미 알고 있겠지만, 독서를 성과로 연결하기 위한 열쇠는 인풋을 아웃풋으로 연결하는 방법이다.

내가 생각하는 아웃풋의 기본은 '움직이기', '공유하기', '모으기'이다.

첫째인 '움직이기'는 자신이 움직여 보는 것, 실제로 해 보는 것이다. 이것은 가장 강력한 아웃풋이다. 독서를 통해서 얻은 아이디어를 업무나 생활에 활용하면 자신의 경험담이 만들어지며, 그 결과 기억에 가장 강하게 남기 때문이다.

즉시 행동에 옮기기는 어렵더라도 새롭게 접한 고유명사나 단어가 있다면 인터넷에서 검색해 보자. 그것에 관한 지식을 깊게 하는 것도 하나의 '움직이기'라고 할 수 있다. 예를 들어 요즘 화제가 되고 있는 인공지능에 관한 책을 읽고 '기술적 특이점'이라는 말을 처음 접했다고 가정하자. 그 책에도 어느 정도는 설명이 되어 있겠지만, '다른 사람들의 의견은 어떨까?'라는 호기심에 따라 직접 조사해 보는 것이다.

둘째인 '공유하기'는 자신이 읽은 내용을 누군가에게 전하는 것이다. 여기에는 두 가지 방법이 있다. '말하기'와 '글쓰기'다. 이것은 책을 읽고 얻은 깨달음을 동료에게 이야기해 보거나 블로그 또는 SNS에 글로 써서 불특정 다수의 사람에게 전해 보는 것을 가리킨다.

마지막은 '모으기'로, '비축하기'라고도 한다. 책을 읽다 도움이 될 만한 말을 발견하면 그 말을 모아 보자. 지금 당장은 실천도 공유도 할 수 없을지 모르지만, 미래를 위한 준비다. **언젠가는 도움이 될 정보나 벽에 부딪혔을 때 돌아보기 위한 정보를 모아 나간다는 의도가 있다.** 예를 들어 지금은 클레임에 대응해야 할 일이 거의 없더라도 앞으로 그런 일이 있을 가능성 또한 생각해 볼 수 있다. 그러므로 책 속에서 효과적인 대처법과 만났다면 모아 놓아도 손해 볼 일은 없다. 지금 당장은 어떤 구체적인 행동으로 옮길 필요가 없더라도 언젠가 필요해지는 상황이 예상된다면 모아 놓도록 하자.

'모으기'의 또 다른 역할은 프레젠테이션이나 자료 작성을 위한 아이디어를 모아 놓는 것이다. 독서를 하다가

'이 심리학 실험 결과는 프레젠테이션 자료로 활용할 수 있겠는데?'라는 생각이 들었다면 비축해 놓는다. 그러면 자료를 원활하게 작성할 수 있게 된다.

독서를 할 때 이 세 가지를 의식하면서 아웃풋을 해 보자. 책에서 많은 것을 배울 수 있게 되며, 독서의 즐거움도 한층 커질 것이다.

다음 장부터는 '움직이기', '공유하기', '모으기'에 관해 구체적으로 설명하겠다.

3
PART

책을 읽고
'움직인다'

SECRETS OF ACTIVE
READING SKILLS

01
아이디어를 얻었다면
가볍게 시도해 보자

책에서 얻은 아이디어는 행동이나 사고의 힌트이니 가볍게 시도해 본다는 생각으로 시작해 보자. 실험해 본다는 마음가짐이 중요하다. **실험해 봐서 성공한다면 그것으로 성과를 올리게 되며, 설령 실패하더라도 왜 실패했는지 생각해 볼 계기가 된다.**

커뮤니케이션에 관한 책을 읽는 중, 대화와 대화 사이

에 어느 정도 간격을 띄우는 것이 좋은지 그 요령이 적혀 있었다고 가정해 보자. '아하, 그렇구나. 이건 효과가 있을지도 모르겠어.' 그저 이렇게 생각만 하면서 계속 책을 읽어 나간다면 모처럼 찾아온 기회를 놓치게 된다. 이럴 때는 배운 지식을 활용할 수 있는 상황을 머릿속에 그려 보거나 책의 여백에 적어 보면 실행으로 옮기기가 쉬워진다.

무엇이든 한 입 베어 물지 않고서는 어떤 맛인지 알 수 없다. 베어 물어 봤는데 맛이 너무 없을 때는 뱉으면 그만이다. 그러니 조금만 맛보자. 그 정도의 가벼운 마음으로 시도해 보면 된다. 모든 것은 작은 실험에서 시작되는 것이다.

02
노트에 쓰면서
생각의 폭을 넓힌다

펜을 들고 책을 읽으면서 머릿속에 번뜩인 아이디어나 생각한 내용을 책에 메모해 나가면 그 자리에서 사고의 아웃풋을 할 수 있다. 그러나 책의 여백만으로는 필기할 공간이 부족할 경우도 종종 있다.

앞에서 A4 용지 한 장에 현재 고민 중이거나 해결하고픈 문제를 적어 보라고 권했다. 이렇게 하면 독서를 하는 목적을 파악할 수 있다.

비슷한 방식으로, 독서를 하다가 머릿속에서 어떤 의문이나 생각이 떠올랐다면 노트에 열심히 필기해 보자. 예를 들어 앞으로의 인구 변화가 가져올 영향에 관해 쓴 내용이 인상적이었다면 그 결과 자신의 업계는 어떻게 변해 갈지 상상해 본다. 이때 머릿속에서만 생각하면 생각이 그다지 깊어지지 않을 뿐만 아니라 정리도 되지 않으니 노트에 낙서한다는 느낌으로 떠오르는 생각들을 계속 적어 나간다.

나는 대학생 시절에 로버트 기요사키가 쓴 《부자 아빠 가난한 아빠》를 읽다가 이 말에 감명을 받았다.

"'어떻게 돈을 벌 것인가?'가 아니라 '돈을 어떻게 쓸 것인가?', 즉 '돈을 번 뒤에 어떻게 할 것인가?'"

그래서 내가 무엇에 돈을 썼는지를 노트에 적어 봤다. 이때 내가 쓴 돈은 투자였을까? 아니면 소비 혹은 낭비였을까? 이것을 곰곰이 생각한 결과, 돈을 어떻게 쓸 것인지 나의 기준이 크게 변했다. 그리고 이때 바뀐 기준은 지금도 무엇에 돈을 쓸지 판단하는 데 영향을 끼치고 있다.

하고 싶은 것을 노트에 적는다

해 보고 싶은 것을
발견하면

즉시
책을 내려놓고
노트에 적는다.

"
책의 여백에든 노트에든
열심히 메모하자!
"

투자, 소비, 낭비의 분류 사례

투자	소비	낭비
아침 커피값(카페에서 책을 읽고 실천할 가치가 있어 보이는 내용을 찾아냈다.)	점심값(시간이 없어 혼자 햄버거를 먹었다.)	과자값(야식으로 먹으면서 인터넷 서핑을 했다.)
책 구입비(읽고 행동에 옮겼다.)	책 구입비(읽고 만족했다.)	책 구입비(읽지 않았다.)
세미나 참가비(미래를 위한 행동으로 연결시켰다.)	세미나 참가비(듣고 수긍하는 것으로 끝났다.)	세미나 참가비(마지못해 가서 듣는 둥 마는 둥 했다.)
노트 구입비(독서를 실천으로 연결시키기 위해 구입했다.)	동호회 비용(많은 사람과 명함을 교환했지만 일거리로 이어지지 않았다.)	잡화 구입비(충동구매를 했지만 구석에 처박아 놓았다.)
피트니스 센터 이용료(계획적으로 트레이닝하고 있다.)	피트니스 센터 이용료(별생각 없이 다니고 있다.)	피트니스 센터 이용료(등록만 하고 안 간다.)

> **"**
> 좋은 아이디어를 만났다면
> 책을 내려놓고 노트에 적어 본다.
> **"**

일단은 거침없이,

철저히 따라 한다

"기술이란 자신이 좋다고 생각하는 것을 모방하고 반복적으로 연습해서 자신의 것으로 만들어 나가는 것이 아닐까? 모방은 일류 선수가 되기 위한 첫걸음이다."

일본 프로야구 감독이었던 오치아이 히로미쓰가 남긴 말이다.

즉시 행동하는 사람은 흉내 내기에 거부감을 느끼지 않

는다. 거리낌 없이 흉내를 내면서 기술 또는 지식을 습득한다. 반면에 즉시 행동하지 못하는 사람은 기껏 책에서 좋은 아이디어를 접해도 자신의 사고방식이나 기존의 방식을 고집한다.

이미 스며들어 있는 물을 짜내지 않으면 스펀지는 새로운 물을 흡수하지 못한다. 뇌도 마찬가지다. **굳어 버린 사고방식과 이별하지 않는 한 새로운 지식을 흡수하지 못한다. 거침없이, 철저히 흉내 내자.** 철저히 베끼는 것부터 시작하자는 말이다.

'수파리守破離'라는 단어가 있다. 일본에서 다도차를 달이거나 마실 때의 방식이나 예의범절를 확립한 센노 리큐가 다도를 통해 깨달았다고 하는, 사람이 어떤 분야의 경지를 향해 정진하는 단계를 의미한다. '수守'는 배운 것을 철저히 흉내 내는 단계. 간단히 말하면 모델링이다. '파破'는 '수'의 단계에서 습득한 틀에 나라면 이렇게 하겠다는 생각을 추가해 변형시키는 단계. 마지막으로 '리離'는 독자성을 확립해 나가는 단계.

새로운 행동 습관을 익히는 것도 마찬가지다. 읽고 있

는 책에서 부하 직원이 행동하도록 유도하는 칭찬법이 소개되어 있다면 그대로 따라 해 본다. 업무 진행을 원활하게 만드는 투두 리스트to-do list 작성법이 소개되어 있다면 무작정 실천해 본다. 일찍 일어나는 방법이 소개되어 있다면 즉시 실행해 본다.

나는 다른 저서에서 업무를 빠르게 처리해 나가도록 도와주는 태스크 컴플리트 노트라는 것을 소개해 폭발적인 반응을 얻었던 적이 있는데, 어느 날 인스타그램에서 누군가 올린 태스크 컴플리트 노트의 수정판을 발견했다. 태스크 컴플리트 노트는 나의 업무 스타일에 맞춘 노트 활용법이기 때문에 모방해서 사용하는 가운데 점차 자신의 스타일에 맞게 변형시킨 것이 아닐까 싶다. 바로 이것이 수파리이며, 독서를 통해서 새로운 행동 습관을 들이는 과정이다.

아침에는 눈을 떠서 이불 밖으로 나갈 때까지가 가장 힘들고, 자전거를 탈 때도 처음 페달을 밟을 때가 가장 힘이 든다. 무슨 일이든 시작하려면 에너지와 의지력이 필요하다. 그러니 이미 성과를 거둔 사람의 아이디어를 책에서 발견했다면 일단 무작정 따라 하는 것부터 시작해 보자.

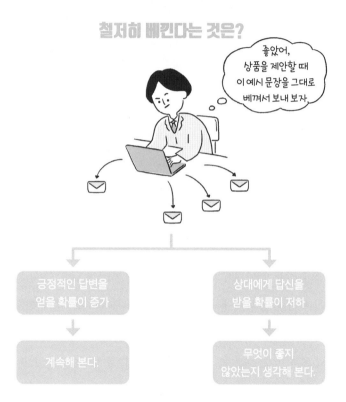

> "
> 철저히 따라 해 보고,
> 어떤 반응이 돌아오는지 반드시 점검한다.
> "

04
습관을 확실히 정착시키기 위해
목표를 세운다

독서를 통해 새로운 행동 습관이나 사고 습관을 만들고 싶다면 목표를 설정하는 것이 효과적이다. 습관을 정착시키기 위해서는 반복이 필수이기 때문이다.

뇌 과학 연구에서 밝혀진 사실인데, 뇌는 내용의 중요도와는 상관없이 단순히 '접촉 빈도'가 높은 것을 암기한다고 한다. 반복한 것만이 자연스럽게 정착된다는 말이다.

그러므로 행동 습관이나 사고 습관을 만들기 위해 일단 한 번 해 보자. 그리고 이것을 정착시킨다면 효과적이겠다는 생각이 들었을 경우는 구체적인 목표를 설정하자. 구체적인 목표를 설정해 놓지 않으면 하지 않았으면서 한 것처럼 생각하는 경우가 많기 때문이다.

예를 들어 유학하고 싶어서 비용을 알아봤더니 1,000만 원이 필요함을 알게 되었다고 가정해 보자. 유학을 하려면 1,000만 원을 모아야 한다. 이처럼 수치가 있는 목표를 설정하면 항상 지금 돈이 얼마나 있는지 파악하게 되며, 돈을 무의미하게 쓸 것 같을 때도 충동을 억제할 수 있게 된다. 요지는 감정적, 충동적으로 행동하는 것이 아니라 목표를 달성하기 위해 계획적으로 행동할 수 있게 되는 것이다.

좀 더 명확하게 행동하기 위해 가급적 수치가 있는 목표를 설정하자. 예를 들어 시간 활용법에 관한 책에 적혀 있는, 일요일 밤에 다음 일주일의 계획을 세우라는 아이디어를 실천하고 정착시키려 한다고 해 보자. 나라면 먼저 이것을 10회 정도 반복해서 실천한다는 목표를 세울 것이다. 10회를 반복하면 상당히 높은 확률로 습관이 되니, 다이어리에서 10주 분량의 일요일 칸에 주간 계획을 세운다는 일정을 미리 적어 넣는다. 이렇게 하면 그것을 반복할 수 있게 되며, 그 결과 습관을 들일 수도 있게 된다.

사고방식을 습관화하고 싶을 때는 어떻게 해야 할까? 책에서 "부하 직원과 좋은 관계를 쌓고 싶다면 결과가 아니라 과정에 주목하십시오."라는 글을 읽었다고 가정해 보자. 나라면 이것을 구체적인 행동으로 변환시킬 것이다. 예를 들어 하루에 한 번은 부하 직원에게 의식적으로 열심히 노력하는 자세에 대해 긍정적인 말을 해 준다는 목표를 세운다. 그리고 이것을 실천한 날과 실천하지 못한 날을 확실히 기록한다. 이렇게 하면 결과만을 신경 쓰는 것이 아니라 과정에도 주목할 수 있게 되므로 사고 습관도 점점 변화할 것이다.

이처럼 한 번 해 본 결과 습관화하고 싶다는 생각이 든 행동 습관이나 사고 습관을 만났다면 명확한 목표를 세우고 노력하자. 습관은 누구나 바꿀 수 있다.

습관화할 목표를 구체적으로 세운다

이걸 습관으로 만들어야겠어.

먼저 목표를 세운다!

여기에서는 두 가지 방식으로 습관화를 시도한다.

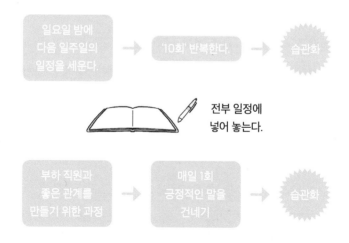

일요일 밤에 다음 일주일의 일정을 세운다. → '10회' 반복한다. → 습관화

전부 일정에 넣어 놓는다.

부하 직원과 좋은 관계를 만들기 위한 과정 → 매일 1회 긍정적인 말을 건네기 → 습관화

책을 읽었다면 저자를 만나러 가 보는 것도 효과적인 아웃
풋이다. 저자가 주최하는 이벤트도 있을 것이고, 세미나나
사인회 등의 서점 이벤트도 있을 것이다. 이때 아무런 준
비도 없이 갑자기 그런 이벤트에 참가하기보다는 사전에
책을 읽고 감상을 정리할 뿐만 아니라 실제로 아웃풋을 해
보는 것이 효과적이다.

몇 년 전 나는 교토 역 근처의 오가키 서점 교토 요도바시점에서 다른 저서의 출간 이벤트를 연 적이 있다. 이때 나는 저자로서 정말 행복한 경험을 했다. 이벤트에 참가한 분들 중에는 이미 책을 읽고 내가 제안한 방법을 실천하고 있는 사람이 많았던 것이다. 게다가 질의응답 시간에는 아웃풋 하면서 궁금했던 것을 질문하는 분도 있었다. 자신의 노하우를 어떤 식으로 활용하고 있는지 확인할 기회는 쉽게 얻을 수 있는 것이 아니다.

또한 책을 읽고 아웃풋을 해 보면 성과가 있는 것도 있고 없는 것도 있으며 의문점도 생기기 마련이므로, 이런 이벤트는 저자에게 직접 물어볼 좋은 기회이기도 하다.

저자로서도 자신의 책을 읽고 실천해 준 사람이 있다는 것은 매우 기쁜 일이다. 인풋만 하고 끝인 사람이 대부분인 가운데 자신의 조언을 실천해 준 것이니 기쁘지 않을 리가 있겠는가? 질문에 대해서도 더욱 잘 활용해 주기를 바라는 마음에서 적극적으로 조언하기 마련이다.

즉시 행동하는 사람은 배우는 솜씨가 뛰어나다. **배우는 솜씨가 뛰어난 사람들의 공통점은 타인의 조언을 실천**

한다는 것이다. 당신도 그럴 것이다. 누군가가 당신에게 조언을 구하기에 열심히 해 줬는데 그 사람이 아무것도 하지 않는다면 다음부터는 조언하지 않게 된다. 반면에 그 사람이 당신의 조언을 믿고 실천에 옮겼는데 잘되지 않았다면 왜 잘되지 않았는지 함께 머리를 맞대고 고민하고 싶을 것이다.

트위터나 페이스북 등의 SNS로 독자와 소통하는 저자도 있으니 먼저 메시지를 보내 보는 것도 좋은 방법이다.

이벤트가 있으면 참가해 본다. 참가하기 전에는 반드시 한 가지를 실천해 본다. 이렇게 하면 실천에 옮길 동기도 생겨나며, 직접 실천한 성과를 전하고 조언을 받을 수도 있다. 아웃풋을 더 빠르게 할 기회인 것이다.

저자를 만나러 간다

책과
만난다.

정말
좋은 책이네.

정보를
얻는다.

이 저자가
여는 이벤트가
있구나. 가 보자.

참가해
질문한다.

한 가지 질문할 게
있는데요…….

06
생각처럼 되지 않을 때는
어떻게 해야 할까?

대부분의 저자는 자신의 노하우나 생각을 누구나 응용할 수 있도록 일반화해서 전하려 한다. 다만 그렇다고 해도 당신과 상황이나 입장이 같다는 보장은 없다. 그러므로 독서를 하다 저자의 메시지를 접했을 때는 항상 자신의 경우에는 어떻게 해야 할지를 생각할 필요가 있다. 그런 다음 구체적으로 실행에 옮긴 자신의 이미지를 머릿속에 그려 보자. 자신의 머릿속에 그런 이미지가 없으면 실행해도 잘 되지 않을 가능성이 높으며, 반대로 이미지를 그렸다면 어떤 형태로든 성과를 올릴 가능성이 높다.

다만 그렇게 했음에도 잘되지 않는 경우 또한 있다. 그럴 때에는 다음 세 가지 이유를 생각해 보자.

첫째는 방법을 제대로 이해하지 못했기 때문이다. 이것은 상당히 흔한 패턴 중 하나다. 실제로는 이해하지 못했으면서 이해했다고 착각하고는 '뭐야, 기껏 시간을 들여서 해 봤는데 효과가 없잖아?'라고 생각하는 것이다. 물론 실천한 자세 자체는 훌륭하지만, 방법의 본질을 이해하지 못한 채 수박 겉핥기식으로 이해하는 경우가 종종 있다.

그것을 실제로 자신의 업무나 생활에 활용하는 장면을 상상할 수 있는가? 상상할 수 있는 것만 실천하는 것이 중요하다. 이것도 저것도 다 하려고 하지 말고 취사선택을 하라는 말이다. 책 한 권에서 한 가지 또는 두 가지의 구체적인 행동을 실천할 수 있다면 그것으로 충분하다.

둘째는 계속하지 않으면 효과가 나타나지 않기 때문이다. 효과가 나타날 때까지 시간이 걸리는 것도 많다. 지나

치게 단기적인 해결책을 추구한 나머지 그것이 성과로 이어질 때까지 기다리지 못하는 패턴도 있지 않을까? 지속적인 실천이 필요한 것에 관해서는 여유를 갖고 실천하는 자세가 중요하다.

예를 들어 다이어트도 오늘 그 방법을 한 번 실천했다고 해서 당장 내일 결과가 나타나지는 않는다. 조금 더 계속하면 좋은 방향으로 나아갈 수 있을지도 모른다는 기대감이 조금이라도 들었을 경우는 부디 계속 실천해 보기 바란다.

셋째는 애초에 자신에게 맞는 방법이 아니었기 때문이다. 좋은 아이디어라고 생각했는데 막상 해 보니 그렇지 않은 것 같다고 느꼈을 때는 깔끔하게 그만두는 게 낫다. 나는 애초에 행동이라는 아웃풋을 할 수 있었던 것 자체가 유익한 성과라고 생각한다. 잘되지 않았다면 잘되지 않았다는 경험에서 배울 것이 있기 때문이다.

이유가 무엇이든, 일단 해 봤으면 반드시 되돌아보고 반성해야 한다. 잘되지 않았다면 그것은 왜 그런 결과가 나왔는지 생각할 좋은 기회다. 조금 해 보니 약간만 수정하면 좋은 결과를 얻을지도 모르겠다는 느낌이 드는 경우도 있을 것이다. 그럴 때는 자신에게 맞춰서 수정할 필요가 있다.

비슷한 종류의 책을 읽어 보자. 그 책에도 똑같은 내용이 적혀 있다면 당신이 실천한 방식에 문제가 있을 수도 있고, 조금만 더 열심히 하다 보면 성과가 나타날 가능성도 있다. 한편 전혀 다른 해결책이 소개되어 있다면 그 방법을 시도해 보자. 그러면 다른 결과가 나올 것이다.

작은 실험을 반복하면서 자신에게 맞는 방법을 찾아내면 된다.

07
아이디어를 나에게 맞게
변형시켜 보자

독서를 하다가 이거다 싶은 아이디어를 발견하면 책에 적혀 있는 대로 해 본다. 그러다 보면 '내 경우는 이런 식으로 변형시키는 편이 좋지 않을까?'라는 아이디어가 떠오를 때가 있다. 그럴 때는 자신의 라이프 스타일에 맞도록 변형시키자.

나는 학창 시절에 혼다 나오유키가 쓴 《레버리지 리딩》

이라는 책을 읽고 독서에서 얻은 아이디어를 워드 파일로 정리해서 보관한다는 아이디어를 접한 뒤로 줄곧 그 방법을 쓰다가 지금은 워드 파일이 아니라 이메일 보관함에 보관하는 방식으로 변화를 줬다. 자세한 내용은 PART 5에서 설명하겠지만, 책이 출판되었던 당시2006년에 비해 이메일 보관함의 기능이 향상되어서 워드로 정리해 보관하는 것보다 작업 속도가 빨라졌기 때문이다.

중요한 것은 나라면 어떻게 할지를 항상 생각하면서 책을 읽는 습관이다. 저자의 성공 체험을 그대로 적용하기에는 무리가 있거나 저자의 환경이 자신의 환경과 크게 다를 경우는 자신에게 맞춰 변형시키는 것도 중요하다.

반대로 저자의 경험과 조언이 그대로 적용 가능한 것이라면 그것을 제대로 이해한 다음 좀 더 자신에게 맞게 변형시키는 것도 한 가지 방법이다. 태스크 컴플리트 노트의 목적은 A4 용지 한 장에 하루 동안의 업무를 관리하는 것이었다. 그런데 한 독자는 나만큼 하루에 처리해야 하는 업무가 많지 않아서 A4 용지 한 장에 3일분을 관리하는 방식으로 변형시켜서 활용하고 있었다. 내가 매일 처리하는 업무 중에는 세세한 것이 많지만 그 독자는 조금 덩어리가 큰 업무가 많기 때문에 나처럼 세세하게 관리할 필요가 없었던 것이다. 내가 소개한 노트 활용법을 기반으로 자신의 상황에 맞게 효과적으로 변형시킨 모범적인 사례라고 할 수 있다.

만약 자신의 상황에 맞춰서 변형시켜 봤음에도 성과가 없었다면 경우에 따라서는 저자의 방법을 그대로 따라 해 본다는 선택을 할 수도 있고, 무엇이 좋지 않았는지 깨닫는 경우도 있다. 그리고 시행착오를 통해서 성과가 나오게 되면 그다음에는 습관화를 목표로 계속 실행한다. 정리하면 순서는 아래와 같다.

① 책을 읽으면서 항상 나라면 어떻게 할지, 어떻게 실행할 수 있을지를 생각한다.

② 생각해 본 결과 따라 하면 잘될 것 같을 때는 그대로 따라 해 본다.

③ 나와는 상황이나 환경이 조금 다르니 변형을 주는 편이 낫다는 생각이 들었을 때는 나에게 맞게 변형시켜 본다.

④ 어떤 경우든 성과가 있다면 계속해서 습관으로 만든다.

⑤ 잘되지 않았을 때는 원인이 무엇일지 생각하고 다음 방법을 모색한다.

　이때도 여백이나 노트에 적어 놓으면 나중에 다시 읽어 봤을 때 무엇인가를 깨닫게 되기도 한다.

자신에게 맞게 변형시켜서 행동한다

나라면
이메일 보관함을
사용하는 게
낫지 않을까?

나라면
어떻게 할지
생각한다.

실천한다!
Do

계획에
반영한다. **Plan** **Check** 결과를
확인!

Act

잘되지 않았을 경우에는
방법을 개선한다!

"
나라면 어떻게 할지를 생각하고,
DCAP의 순서로 실행해 보자!
"

4
PART

'공유'로

한 단계 더 성장한다

SECRETS OF ACTIVE
READING SKILLS

01
아이디어를 공유하면
진짜 내 것이 된다

'공유하기'도 '움직이기'에 못지않은 효과가 있다. '움직이기'는 기본적으로 자신의 내부에서 독서를 완결하는 것이었지만, '공유하기'는 책에서 얻은 아이디어를 제삼자에게 이야기하거나 글로 써서 보여주는 것이다. 책에서 얻은 아이디어를 제삼자에게 효과적으로 가르쳐 주거나 공유하려면 그 내용을 제대로 이해해야 한다. 상대에게 정보를 전하려면 책에서 얻은 정보를 객관적인 시각으로 해석해야 한다. **따라서 공유를 전제로 독서를 하면 책의 내용을 제대로 이해하자는 의욕이 생겨난다.**

런던 대학교에서 발표한 연구 결과에 따르면, 타인에게 가르칠 것을 전제로 공부할 때 기억에 정착될 확률이 더 높다고 한다. 즉 과학적으로 봐도 공유하기는 효과적인 아웃풋이라고 할 수 있다.

정보를 공유하려 하면 어떻게 전할지를 머릿속에서 생각하게 되며, 그 과정에서 자신의 이해가 부족한 점이 부각된다. 자신은 이해했다고 생각했지만 실제로는 이해하지 못한 것도 많음을 깨닫게 된다. 아주 좋다고 생각했던 아이디어인데 막상 다른 사람에게 전하려 하니 어딘가 말이 안 되는 구석이 있는 것을 깨달을 때도 있다.

또한 책에서 얻은 아이디어를 공유하면 외부 사람들의 반응을 얻을 수 있다. 상대가 이해할 수 있게 이야기를 하더라도 '그렇게 생각할 수도 있겠는데?'라고 생각이 드는 다른 발상의 의견이 돌아오거나 생각지도 못한 질문이 날아오기도 한다. 바로 그런 깨달음이 중요하다. 그 깨달음을 통해 자신의 이해 속에 숨어 있는 결점을 찾아낼 수도 있다.

공유의 두 축은 '말하기'와 '글쓰기'다. 예를 들어 **직장에서 아이디어를 말하거나 프레젠테이션을 할 때 독서에서 얻은 정보를 말하는 것이 '말하기'이며, SNS나 블로그 등에 자신이 느낀 점이나 생각한 점을 글로 써서 올리는 것이 '글쓰기'다.**

당신도 '말하기'와 '글쓰기'라는 공유의 두 가지 방법을 꼭 실천하기 바란다. 공유를 전제로 독서를 하면 책의 내용을 자신의 것으로 만들 수 있으니 공유를 통해 두뇌를 계속 단련시키자.

책을 읽고 공유해 보자

공유를 전제로
책을 읽는다.

공유하는 두 가지 방법

말하기　　　글쓰기

반응을
얻을 수 있다.

이해가
부족함을
깨닫는다.

관련 서적

더 조사해 본다!

> **공유를 전제로 독서를 하면
> 책의 내용이 진짜 내 것이 된다.**

02

SNS에 공유할 때에는
주제를 압축하자

SNS의 매력은 오프라인에서는 만나기 힘든 사람들과 만
날 수 있다는 점이 아닐까? 사람들이 흥미나 관심을 느끼
는 대상은 천차만별이다. 예를 들어 회사나 학교에서 축구
에 관심이 있는 사람을 찾기는 쉬울지도 모르지만, 해리
케인잉글랜드 국가대표팀의 스트라이커이나 다비드 데 헤야스페인 국가대표팀의
골키퍼를 좋아하는 사람을 근처에서 찾기는 쉬운 일이 아니

다. 그러나 SNS에서는 해시태그로 검색하기만 해도 같은 대상에 흥미나 관심이 있는 사람을 쉽게 찾아낼 수 있다.

읽은 책을 한 가지 주제로 좁혀서 인스타그램 등 SNS로 공유해 보자. 비슷한 분야에 관심이 있는 사람들과 쉽게 연결될 수 있을 것이다. 심리학에 관심이 많은 사람이 심리학으로 주제를 압축해서 책을 읽고 그것을 공유했다고 가정해 보자. 그러면 심리학에 관심이 있는 사람들과 연결될 수 있으며, 이것이 다시 다른 책을 읽어 보자는 의욕으로 이어진다. 독서는 어떤 의미에서 고독한 작업이지만, SNS를 효과적으로 이용하면 온라인 독서 모임에 참석한 것과 다름없는 경험을 할 수 있는 것이다.

또한 동시에 그 주제에 해박한 사람이라는 브랜딩도 할 수 있다. 브랜딩은 사람들에게 '×××라고 하면 역시 A씨'라는 인식을 심는 것이다. 브랜딩을 구축할 때는 작은 분야로 좁혀서 특별함을 연출하는 것이 중요하다. 예를 들어 영국으로 여행을 갈 계획을 세웠다면 '해외여행을 좋아하는 사람'보다 '영국을 너무나도 사랑하는 사람'에게 물어보는 편이 더 많은 정보를 얻을 수 있을 것처럼 말이다.

브랜딩에서 중요한 점은 작은 분야라도 좋으니 '×××라고 하면 역시 A씨지.'라고 생각하게끔 만드는 것이다. 심리학이라는 넓은 범위에 해박한 사람보다는 사회 심리학이라는 좁은 범위에 해박한 사람이, 사회 심리학에 해박한 사람보다는 그보다 더 좁은 범위인 교섭의 심리학에 해박한 사람이 더욱 전문적인 느낌이 들기 마련이다. **이처럼 어느 정도 주제를 압축해서 올려야 당신이 어떤 사람인지 알리기 용이하며 비슷한 주제에 관심이 있는 사람들의 흥미를 끌어내기 쉽다.**

SNS는 좋아하는 주제를 중심으로 세상을 연결하고 당신의 전문성을 표현할 수 있도록 도와준다. SNS에서 공유할 때는 주제를 최대한 좁혀서 시작하자. 그러면 독서에 대한 의욕을 유지하기도 쉬워지고, 독서가 즐거워질 뿐만 아니라 브랜딩으로도 이어진다.

주제는 책에서도 찾아낼 수 있다

> **주제는 당신의 일상 속에 얼마든지 있다!**

03

노트에 글을 쓰면서
생각에 깊이를 더한다

독서는 책에서 만난 아이디어를 기점으로 생각의 폭을 넓힐 수 있게 해 준다. 또한 생각에 깊이를 더할 수도 있다. 독서하다 보면 새로운 용어나 개념을 많이 접하게 될 것이다. 그럴 때는 즉시 적극적으로 조사해서 그와 관련된 지식을 늘려 나가자. 이때 가급적 노트에 적으면서 자기 나름대로 정리해 보면 그 말을 자신의 것으로 만들 수 있다.

공유의 기반이 다져지는 것이다.

머릿속에서만 이리저리 생각하지 말고 생각한 것을 글로 적어 나간다. 그러면 책에서 얻은 힌트를 기점으로 사고를 확장하고, 깊이를 더할 수 있게 된다.

새로운 용어와 만났다면?

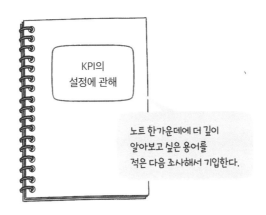

KPI의
설정에 관해

노트 한가운데에 더 깊이
알아보고 싶은 용어를
적은 다음 조사해서 기입한다.

당장은
조사할 수 없을 때는
책에 적어 놓는다.

"
새로운 용어나 개념과 만났다면
조사해서 노트에 적어 놓는다!
"

04

SNS를 활용해

공유의 힘을 끌어낸다

흔히 페이스북, 트위터, 인스타그램을 3대 SNS라고 한다. 이들은 저마다 특징이 있는데, 개인적으로 아웃풋에 가장 적합하다고 생각하는 플랫폼은 인스타그램이다. 인스타그램은 사진에 특화된 SNS로, 독서 기록을 남길 겸해서 인스타그램에 책 사진을 올리는 사람이 많다. 대개는 이러이러한 책이라는 간단한 기록만 남기고 끝이지만 개중에는 자신이 생각한 점이나 느낀 점을 함께 적어서 올리는 사람도 있다. 물론 후자가 독서의 인풋이 아웃풋으로 확실히 연결되기에 더욱 효과적이다.

인스타그램을 이용해서 아웃풋을 할 때의 장점은 해시태그를 추적하면 같은 책을 읽고 있는 사람을 간단히 찾아낼 수 있다는 것이다. 다른 사람이 어떤 아웃풋을 하고 있는지 읽어 볼 수도 있고, 그들과 소통할 수도 있다.

추천하는 방법은 책의 제목과 출판사명, 저자명을 해시태그에 집어넣는 것이다. 이 책을 예로 들면, 최소한 #액티브리딩, #시원북스, #쓰카모토료는 반드시 해시태그에 집어넣는다.

또한 저자로서는 자신이 쓴 책을 어떤 사람이 읽고 어떤 부분을 유용하게 활용했는지 알고 싶기 마련이다. 그래서 나는 내 책을 읽은 독자가 인스타그램에 책 사진과 책에 관한 글을 올린 것을 발견하면 꼭 감사의 댓글을 단다. 이처럼 저자와 연결될 수 있다는 것도 아웃풋이 즐거워지는 포인트다.

인스타그램은 사진을 저장할 수 있기에 어떤 책을 읽었

고 어떤 생각을 했는지 되돌아보는 데도 활용할 수 있다. 독서에 대한 동기 부여로도 이어지기 쉬운 것이다.

그 밖에 트위터도 아웃풋용으로 추천하는 SNS다. 트위터는 애초에 한 트윗당 140자까지 쓸 수 있어 그다지 긴 글을 쓰지 않아도 되므로 부담 없이 시작할 수 있다. 또한 140글자 이하로 아웃풋을 하려고 하면 말을 정리해야 하는데, 말을 정리하는 것은 곧 머릿속을 정리하는 것이므로 아웃풋의 질이 높아진다는 점도 장점 중 하나라고 할 수 있다.

인스타그램은 굳이 따지자면 사진을 저장하는 SNS이므로 관심사가 같은 사람들과 연결되기 쉬운 측면이 있다. 한편 트위터는 쓴 글이 계속해서 뒤로 밀려나기 때문에 다른 사람들과 연결되기는 조금 어려울 수 있다.

인스타그램이나 트위터는 페이스북과 달리 용도에 맞춰서 여러 개의 계정을 만들 수 있다. 독서 전용 계정을 만들고 그곳에 아웃풋을 할 수도 있다는 말이다.

SNS에서 아웃풋을 하면서 관심사가 같은 사람들을 발견해 소통한다면 아웃풋의 즐거움을 맛볼 수 있을 것이다.

SNS를 이용해서 공유해 보자

인스타그램

읽어 봤는데 굉장히 유익한 책이었어!

음성 입력을 이용해서 인스타그램에 올려 본다.

해시태그로 검색한다

#액티브리딩
#쓰카모토료
#시원북스
등

다양한 사람이 같은 책을
읽고 있음을 알 수 있다!

"
SNS는 아웃풋의 즐거움을
맛볼 수 있게 해 준다!
"

05

그대로 인용하기보다는
자신의 표현을 사용한다

책에서 인풋 한 것을 공유라는 형태로 아웃풋 하는 것은 분명히 효과적이기는 하다. 그러나 책에서 읽은 말을 그대로 아웃풋 해서는 그 정보를 내 것으로 만들 수 없다. '참 좋은 말이었어.', '이건 정말 효과적인 방법 같아.'라고 생각하면서 그대로 인용한다면 그것은 단순히 복사+붙여넣기를 한 것에 불과하다. 여기에는 사고思考라는 과정이 생략

되어 있다.

책에서 인풋 한 것을 자신의 표현으로 바꿔서 아웃풋 하려면 머릿속에서 곰곰이 생각해야 한다. 독서를 통해서 만난 내용을 곱씹어 자기 나름의 표현으로 바꾸는 것은 쉬운 일이 아니지만, 그만큼 책의 내용을 내 것으로 만들 수 있게 된다. 딱히 서평가가 되려는 것도 아니니 생각한 바나 느낀 점을 솔직하게 말하거나 적는 정도로 충분하다.

자신의 표현으로 바꿔 보자!

위인의
명언 중에
비슷한 것은
없는가?

자신이
겪은 일 중에
비슷한 사례는
없는가?

사자성어 중에
비슷한 것은
없는가?

다른 사람에게서
비슷한 경험담을
들어 본 적은
없는가?

예시로 들 수 있는
주변의 사례는
없는가?

"

**표현의 토대가 될 만한 것이 떠오르면
전부 적어 본다!**

"

06

영어로 공유해서
학습 속도를 높인다

공유 언어를 반드시 한국어로 한정할 필요는 없다. 영어를 공부하고 있는 사람에게는 영어로 공유하는 방법을 추천한다.

내가 가르치고 있는 학생 중에는 해외 유학이 목표인 사람이 많다. 나는 그들에게 영어로 아웃풋 할 것을 권하고 있다. 아웃풋을 하려면 인풋이 필요하므로 아웃풋을 하기로 결정하는 것부터 시작하면 된다.

영어로 공유를 하려고 하면 '이건 어떻게 표현해야 하지?', '이 단어는 영어로 뭐라고 할까?' 등의 의문이 솟아나게 되며, 그런 의문을 조사하는 것이 영어 실력의 향상으로 이어진다. **아웃풋을 하는 과정에서 인풋이 늘어나고 배움이 깊어지는 것이다.** 의문을 품고 조사함으로써 표현력이 늘어나고, 이를 반복하면 영어 문장을 좀 더 쉽게 쓸 수 있게 될 것이다.

공유는 영어 학습에도 도움이 된다

'뒤로 미루기'는 영어로 뭐라고 할까?

아하, procrastination이라고 하는구나!

인풋이
늘어난다!

영어로
공유해 보자.

"
공유를 전제로 조사하기 때문에
영어 실력이 올라간다!
"

07

도구를 이용해
예문을 파악한다

영어로 공유할 경우 한국어 서적이나 영어 서적을 읽고 배운 점이나 생각한 점을 SNS 등에 영어로 써서 올린다.

　나는 영어로 글을 쓸 때 영어 사전 사이트를 애용하는 편이다. 어떻게 표현해야 좋을지 막막할 때 많은 도움을 받는다. 이런 사이트를 이용할 때 중요한 점은 예문을 이해하는 것이다. 단순히 머릿속에 떠오른 단어의 의미를 조사하는 데 그치지 말고 그것이 실제로 어떻게 사용되는지 살펴보면 그 단어의 쓰임새를 알 수 있다.

'보증'은 언제 쓰고 '보장'은 언제 써야 하는지 고민되거나 '파문을 던지다.'가 맞는지 '파문을 일으키다.'가 맞는지 헷갈리는 경우가 있는데, 이것은 영어도 마찬가지다. 그러니 그 단어가 어떻게 사용되는지 확인해 놓자. 그렇게만 해도 의미가 통할 가능성이 단숨에 높아진다. 예를 들어 'big'과 'large'는 모두 '크다.'라는 뜻이지만 "a big problem"이라고는 말해도 "a large problem"이라고는 말하지 않는다. 이처럼 다양한 예문을 조사하지 않으면 자칫 의미가 통하지 않는 표현을 사용할 수도 있다.

대부분의 영어사전 사이트는 스마트폰용 앱도 제공하고 있으므로 스마트폰에 받아 놓으면 편리하다. 도구를 효과적으로 활용해 아웃풋의 질을 높이자.

미래의 나를 위한
'모으기'

SECRETS OF ACTIVE
READING SKILLS

모으기를 통해
즉시 행동하기 위한 토대를 쌓는다

독서를 성과로 연결하기 위한 액티브 리딩의 세 번째 아웃풋은 '모으기'다. 모으기는 문자 그대로 독서를 하다 흥미를 느낀 말을 뽑아내서 모아 놓는 것이다.

지금까지 살펴본 '움직이기'와 '공유하기'가 어떤 의미에서는 단기적인 관점에서 자신에게 행동을 촉구하는 아웃풋이었다면, '모으기'는 중장기적인 관점에서 자신을 움

직일 시스템을 만들기 위한 것이다. 책에서 얻은 정보 중에는 지금 당장은 도움이 될지 어떨지 알 수 없는 것도 있기 마련이다. 이렇게 당장은 아니더라도 언젠가는 필요할 것 같은 정보가 있다면 따로 모아 두는 것이다.

예를 들어 나는 책을 읽거나 사람들 앞에서 이야기할 일이 많은데, 그런 아이디어나 정보를 전부 내 머릿속에서 끄집어내는 것은 절대 아니다. 책에서 발견해 모아 놓았던 정보나 통계 데이터 가운데 독자나 청중에게 도움이 되겠다 싶은 것을 꺼내서 소개하기도 한다. 당신도 학교에서 과제를 하거나 업무상 자료를 작성하기 위해 구체적인 사례나 통계 데이터가 필요할 때가 있을 것이다. 그럴 때를 대비해 유익하다고 느낀 정보를 비축해 놓으면 매우 편리하다. 예전에 읽었던 책에서 프레젠테이션에 활용할 수 있을 법한 데이터를 봤던 것 같은데 그게 무슨 책이었는지 기억이 나지 않는다면 그 자체로 행동의 속도가 떨어져 버린다. 그럴 때 빠르게 그 정보를 꺼낼 수 있다면 작업이 매우 원활하게 진행될 것이다.

나는 대학생 시절부터 정보를 모으는 습관을 시작했

다. **당장은 활용할 일이 없더라도 앞으로 도움이 될 것 같은 정보를 차곡차곡 모아 나갔다. 그렇게 비축해 놓은 정보 덕분에 훗날 업무나 공부, 생활 속에서 벽에 부딪혔을 때 문제를 해결할 수 있었던 적이 많다.** 일례로 회사를 경영하다 벽에 부딪혔을 때 경영에 관한 책들을 다시 읽어 보는 것도 때로는 도움이 될지 모르지만 시간이 너무 걸린다는 단점이 있다. 그럴 때 미리 비축해 놓았던 것을 다시 읽어 보면 쉽고 빠르게 깨달음을 얻을 수 있어 편리하다.

이처럼 지금 당장 시도해 볼 가치가 있을 것 같다고 느낀 정보뿐만 아니라 앞으로 필요할 것 같다고 느낀 정보와 만나는 것도 독서의 참맛이다. 그 언젠가가 왔을 때 즉시 행동으로 옮길 수 있도록, 좋은 정보를 만나면 기록으로 남겨서 실천을 위한 데이터베이스를 만들어 놓기 바란다.

정보를 적극적으로 모아 두자!

숫자나 통계 등
근거가 있는 데이터

깊게 낙담했을 때
기운을
차릴 수 있는 말

세계적인
권위자가 한 말

인간관계 때문에
괴로울 때
용기를 주는 말

심리학이나
연구 결과 등
학문적인 근거

의욕을
높이고 싶을 때
읽을 말

"
평소에 끊임없이
비축해 놓자!
"

02

모으기를 시스템화해서
행동의 베이스캠프를 만든다

눈앞의 일과 씨름하다 보면 아무래도 시야가 좁아질 때가
종종 있다. 그럴 때 비축해 놓았던 명언이나 선구자들의
경험이 그전까지 자신에게 없었던 시점을 제공해 주거나
시야를 넓혀 주기도 한다.

책에 밑줄을 긋거나 포스트잇을 붙여 놓더라도 책장에
꽂아 버리면 거의 다시 읽지 않게 된다. 계속 새로운 책을

사서 읽기 때문이다. 그러니 도움이 되는 말이나 데이터를 만나면 모아 놓기 위한 시스템을 만들어 놓자. 행동의 기반이 되는 베이스캠프를 만드는 것이다.

사고 습관이나 행동 습관을 들이는 방법은 반복밖에 없다. 그러므로 말이나 데이터를 축적해 나갈 베이스캠프를 만들고 그것을 반복해서 읽는 시스템을 구축할 필요가 있다. 이것은 전부 아웃풋을 하기 위함이다.

나는 책의 내용을 내 것으로 만들기 위한 최선의 방법을 찾고자 이것저것 시험해 본 결과 내 앞으로 이메일을 보내는 방법이 가장 만족스러웠다. 계속하기 위해서는 무엇보다 편해야 한다. 예전에는 독서 노트를 워드 파일로 만들었는데, 아무래도 간편한 방법은 아니었다. 가령 전철에서 책을 읽다가 따로 저장해 둬야겠다는 생각이 드는 말을 만났더라도 그때마다 일일이 컴퓨터를 켤 수는 없기 때문이다.

그래서 나는 독서 기록용 지메일 Gmail **계정을 하나 만들었다.** 완전히 정보 보관용 계정이기에 나 이외의 누군가에게서 메일이 올 일도 없고, 그 주소로 메일을 보내기만 하면 되므로 전철에서든 다른 어디에서든 독서를 하다 마음에 드는 말을 발견하면 즉시 저장할 수 있다. 게다가 지금은 스마트폰으로 편하게 음성 입력을 할 수 있게 된 덕분에 집에서 독서를 할 때 지메일의 송신 화면을 열어 놓은 채로 책의 내용을 읽어서 음성 입력을 하고 있다.

평소에 정보를 모아 놓는 사람과 모으지 않는 사람

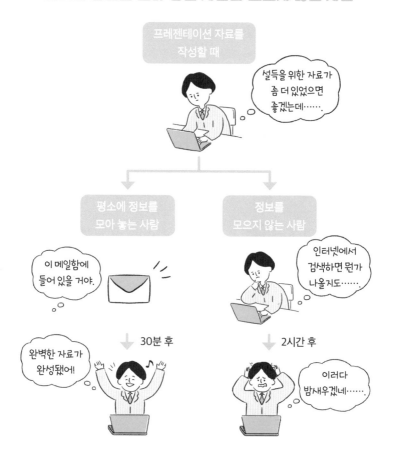

지메일에 정보를 보내는 방법

전철 등 목소리를 낼 수 없을 때

즉시 손으로
입력해서 보낸다.

집 등 목소리를 낼 수 있을 때

즉시
음성 입력 기능을
이용해서 보낸다.

"
최대한 빠르게
메일을 보낼 수 있는 방법을 선택하자.
"

03

검색하면
즉시 찾아낼 수 있게 한다

나는 내 독서 기록용 계정으로 메일을 보낼 때 '하나의 메일에는 하나의 아이디어만을 담는다.'라는 규칙을 정해 놓았다. 하나의 메일에 아이디어를 잔뜩 적어 넣으면 복잡해져서 보기가 힘들기 때문이다.

다만 계속 자신의 계정으로 메일을 보내면 메일 보관함에 메일이 쌓여 가니 정기적으로 정리를 해 주자. 나는 매일 정리하는 습관을 들였다. 그리고 정리할 때 분야별로 '라벨'을 작성해 놓으면 검색하기도 쉬워진다.

자세한 내용은 뒤에서 소개하겠지만, 먼저 어느 정도 분류를 만든다. 하나의 메일에 복수의 라벨을 붙일 수도 있으므로 해당되는 분야를 하나 또는 둘 정도 붙여 놓으면 편리하다. 게다가 지메일은 검색 기능도 우수해서, '아이콘택트'에 관해 찾고 싶을 때 '아이콘택트'로 검색하면 즉시 그 글자가 포함된 메일이 표시된다.

나는 이런 방법으로 내 이메일 보관함 중 하나를 완전히 아이디어 저장고로 만들었다. 그리고 정기적으로 다시 읽어 보면서 현재 상황을 돌파할 아이디어가 없는지 등을 확인한다.

지메일에서 라벨을 만드는 방법

1. 컴퓨터에서 지메일Gmail을 연다.

   (스마트폰의 지메일 앱에서는 라벨을 만들 수 없다.)

2. 오른쪽 위의 '설정'에서 라벨을 클릭하자.

3. 하단의 [새 라벨 만들기]를 클릭한다.

4. 라벨 이름을 입력한다.

5. [만들기]를 클릭한다. → 완료

04

정보가 쌓였다면
라벨 기능을 이용한다

나는 171p와 같이 라벨을 만들어 놓고, 해당되는 라벨이 복수일 경우 그 복수를 전부 붙인다. 이렇게 라벨로 분류해 놓으면 주제별로 다시 보기도, 원하는 힌트를 끌어내기도 쉽다. 특별히 관심이 있는 주제별로 정리해 놓으면 좋을 것이다.

물론 이것은 어디까지나 참고용일 뿐, 꼭 이렇게 해야

하는 것은 절대 아니다. 당신이 관심 있는 주제별로 라벨을 만들면 된다. 좀더 세분화할 필요가 있다는 생각이 든다면 세분화해도 무방하다. **단, 라벨링은 어디까지나 다시 볼 때를 위한 지표일 뿐이므로 너무 복잡하게 생각하거나 난해하게 만들지 않도록 주의하자.** 그래야 검색창을 사용해서 필요한 정보를 찾아내기가 쉽기 때문이다.

라벨을 반드시 처음부터 준비해 놓을 필요는 없다. 정보를 담은 메일이 어느 정도 쌓였을 때 정리하는 의미에서 라벨을 만들고 분류해도 무방하다.

> 어디까지나 예시이므로
> 자신에게 편한 방식으로 라벨링을 하자!

05
비축한 정보를 활용해
설득력을 높인다

PART 2에서 문장의 논리 구조에 관한 이야기를 하면서 하나의 챕터에서 저자가 전하고자 하는 메시지는 하나뿐이며 나머지는 메시지에 설득력을 부여하기 위한 것이라고 했다.

'커뮤니케이션에서 중요한 것은 A이다.'라는 메시지를 전하고자 한다고 가정해 보자. 이때 다음과 같이 전하면 설득력이 높아진다.

"커뮤니케이션에서 중요한 것은 A다. 그 일례로, 얼마 전에 이런 일이 있었다(구체적인 일화). 또한 프린스턴 대학교의 연구에서도 A의 효과가 보고되었다(권위에 호소). 그렇기에 커뮤니케이션에서는 A가 중요한 것이다."

'전하고자 하는 메시지'를 중심에 놓고 그 주위에 '설득을 위한 정보'를 붙이는 형식이다. 만약 설득을 위한 정보를 집어넣지 않는다면 독자는 그 메시지를 그저 저자 개인의 주장으로만 받아들일 수 있다.

그러므로 평소에 독서를 통해서 만난 말이나 연구 결과, 통계 데이터 등을 비축해 놓는 것이 중요하다. 심리학에서는 이런 심리 경향을 후광 효과라고 부르는데, 인간은 특정 분야의 전문가나 저명인사의 말을 잘 믿는 경향이 있다. 누군지 모르는 사람의 발언보다 아는 사람의 발언을 쉽게 믿으며, 아는 사람 중에서도 사회적으로 권위가 있다고 생각하는 사람의 발언을 더 잘 믿는다. 그래서 기업은 타깃 고객층에게 널리 알려진 연예인을 광고에 기용해 상품을 홍보하는 것이다.

특히 고유명사나 숫자는 의식적으로 모아 놓도록 하자. "옥스퍼드 대학교의 A. 오스본 교수에 따르면……."이라고 말하면 듣는 이가 A. 오스본 교수를 모르더라도 '옥스퍼드 대학교'라는 고유명사가 설득력을 더해 준다.

숫자도 마찬가지다. 워털루 대학교가 2017년에 실시한 연구에서는 글을 소리 내어 읽으면 기억에 정착될 가능성이 높다는 사실이 밝혀졌다. 문자를 소리 내어 읽어서 그 목소리를 자신의 귀로 들으면 소리 내지 않고 읽을 때보다 기억력이 20퍼센트 좋아진다는 것이다.

이런 내용을 읽었다면 "소리 내어 읽기는 기억력을 20퍼센트 높인다."라고 메모해서 보관해 놓는다.

인용은 전하고자 하는 메시지를 빠르게 이해시키는 데 도움을 준다. 원활한 인용을 위해서는 책에서 만난 정보를 모아 놓는 습관을 들이는 것이 효과적이다.

비축한 정보를 업무에 활용한다

심리학이나
연구 성과 등
학문적인 근거

숫자나 통계 등
근거가 있는
데이터

설득력 상승!

전문가 또는
저명인사의 명언

권위자나
위인의 일화

> "
> 평소에 자신의 주장과 부합하는 정보 등을
> 적극적으로 찾아 저장해 둔다!
> "

모아 놓은 명언으로
벽을 뛰어넘는다

독서를 하다 보면 수많은 명언이 인용되어 있다는 사실을 깨닫게 되는데, 그 전부는 아니지만 감명 깊은 명언은 최대한 수집하고 있다.

여기에는 두 가지 이유가 있다. 첫째, 명언을 비축해 놓았다가 프레젠테이션 자료를 만들거나 책을 쓸 때 꺼내서 쓰면 자료의 작성이나 책의 집필이 원활해진다. 게다가 그 명언들을 다시 읽다 보면 아이디어가 떠오르는 경우도 있다. **둘째, 업무가 생각처럼 진행되지 않거나 벽에 부딪히면 즉시 행동하지 못하는 악순환에 빠지기 쉬운데, 그럴 때 모아 놓았던 명언을 다시 읽어 보면 의욕을 높일 수 있다.**

나는 모아 놓은 수많은 명언 중에서 미국의 공간 디자이너이자 대지미술가인 마야 린이 남긴 "To fly we must have resistance(날기 위해서는 저항이 있어야 한다)."라는 말을 특히 좋아한다. 새로운 일에 도전하기로 마음먹었지만 "그건 어려울 텐데.", "리스크가 너무 높지 않아?"와 같은 주위 사람들의 말에 마음이 흔들릴 때가 있다. 그럴 때면 나는 높이 날기 위해서는 저항이 있어야 한다는 마야 린의 말을 다시 한 번 읽어 보면서 용기와 저항을 즐기는 마음가짐을 얻는다.

사람은 누구나 벽에 부딪혀서 좌절하게 될 때가 있다. 그럴 때를 대비해 자신 또는 타인에게 용기를 줄 수 있는 말들을 모아 놓기 바란다.

하루에 한 권씩!
독서 습관을 들이는 방법

SECRETS OF ACTIVE
READING SKILLS

01
액티브 리딩보다
책 읽는 습관이 먼저다

지금까지 독서 방법에 대해 소개했는데, 애초에 독서하는 습관을 들이지 않으면 책을 사서는 쌓아 놓기만 하는 소위 적독의 악순환에 빠지고 만다.

서점에서 재미있어 보이는 책을 발견해 사 오지만, 집으로 돌아와서는 책상 위에 올려놓고 읽지 않은 채 방치한다. 그리고 다시 서점에서 재미있는 책을 발견해 사 오지만 집으로 돌아와서는 책상 위에 올려놓고……. 이러기를 반복하는 사이에 책상에는 점점 읽지 않은 책이 쌓여 간다. 혹시 당신의 책상도 이런 상태이지는 않은가?

이것은 옷이나 식재료도 마찬가지이다. 옷장에는 예뻐보인다면서 사 왔지만 입어 본 적이 없는 옷들이 가득하고, 선반이나 냉장고에는 맛있어 보인다면서 사 왔지만 먹지 않은 식재료가 쌓여 간다.

왜 이런 일이 일어날까? 샀다는 사실 자체를 잊어버리기 때문이다. 그래도 식재료의 경우는 유통기한이 있기 때문에 유통기한이 지나 먹을 수 없게 된 것을 발견하면 후회하고 다음부터는 당장 먹을 것만 사자고 생각이라도 하지만, 책이나 옷은 유통기한이 없기 때문에 쌓아 놓더라도 별다른 생각을 하지 않는 경우가 많다.

책 또한 읽고 싶어서 구입한 순간이 의욕의 신선도가 가장 높은 시기다. 그러므로 그 타이밍을 놓치지 않도록 독서를 습관화하자.

그렇다면 습관화가 된 상태란 어떤 상태를 가리킬까? 나는 의지력에 기대지 않고 움직이는 상태라고 생각한다.

다시 말해 판단하는 시간 없이 무의식적으로 해 버릴 수도 있게 되는 것이다. 자신도 모르게 하는 수준에 이른다면 습관화가 되었다고 말할 수 있을 것이다.

습관화의 공식은 의지력×환경×감정이다. 이 가운데 의지력과 감정은 변덕이 심해서, 통제가 가능하다면 다행이지만 그렇지 못할 때도 있기 마련이다. 당신도 피트니스 센터에 가자고 생각하면서도 왠지 귀찮아져서 '에이, 다음에 가지 뭐.'라고 미룰 때가 있지 않은가? 그런데 때마침 TV에서 운동선수가 열심히 트레이닝을 하는 모습을 보면 다시 자신도 열심히 운동해야겠다는 생각이 들기도 할 것이다. 이것이 바로 환경이다. 같은 또래의 사람들이 열심히 노력하는 환경 속에 있으면 의지가 약한 사람도 열심히 노력하는 경우가 많다. 이처럼 사람의 행동력은 작은 발상 하나에도 크게 달라지기 마련이다.

PART 6에서는 독서를 습관화하기 위해 지금 당장 시작할 수 있는 방법에 대해 구체적으로 설명할 것이다. 할 수 있어 보이는 것부터 시작해도 상관없으니 작은 첫걸음을 내디뎌 보자.

습관으로 정착시키려면?

노력하는 환경의 예

즉시 행동하는 힘과 마찬가지!

"
의지력에만 기대지 않는 것이
습관화의 비결!
"

02

책을 가방에 넣고
나서는 것부터 시작하자

습관화의 첫발은 작은 걸음부터 시작하는 것이다. 독서의 경우, 처음에는 읽는 것에 집착하지 말고 먼저 매일 가방에 책을 한 권 집어넣고 외출하는 것부터 시작하자.

　나는 요즘 일주일에 두 번 피트니스 센터에 가는데, 가장 마음이 흔들리는 시기는 피트니스 센터에 가기 전이다. 의욕이 솟구칠 때도 있지만 꼭 오늘 갈 필요는 없지 않을까 하는 생각이 들면서 영 마음이 내키지 않을 때도 있다. 그러나 일단 피트니스 센터에 가면 의욕은 자연스럽게 생겨난다. 기왕 왔으니 열심히 하자는 마음가짐이 되면서 의욕에 시동이 걸린다. 독서도 마찬가지다. 분명히 읽으려고 샀지만 쌓아 두기만 하던 사람도 일단 읽기 시작하면 술술 읽게 된다.

자전거가 처음에 페달을 밟을 때 가장 힘이 드는 것처럼 독서도 처음 읽기 시작하기가 가장 힘들다. 경쾌하게 스타트를 할 수 있다면 다행이지만 그러지 못할 때도 있을 수밖에 없는데, 그것을 극복하는 요령을 익힌다면 그 뒤에는 어떻게든 되기 마련이다.

우리 인간은 감정의 동물이기에 누구나 마음이 내키지 않을 때가 있다. 그럴 때는 간단한 것, 즉 부하가 적게 걸리는 것부터 손을 대자. 퇴근한 뒤에 책을 읽으려고 해도 집에서는 온갖 것들이 당신을 유혹한다. 자신도 모르게 TV 드라마에 몰입하거나 계속 스마트폰을 만지작거리다 정작 책은 한 페이지도 읽지 못한 채 잠에 빠져들 때가 종종 있다. **그래서 책을 가지고 집을 나서는 습관을 들이는 것부**

터 시작하라고 말하는 것이다. 책을 한 권 집어넣으면 가방은 당연히 무거워진다. 이 무게가 중요하다. 이왕 이 무거운 걸 가지고 나왔으니 읽어 보자는 생각이 들기 때문이다.

이는 목표를 눈에 잘 띄는 곳에 붙여 놓으라고 말하는 것과 같은 원리다. 목표를 세워도 금방 잊어버리는 사람이 적지 않다. 나도 그런 사람 중 한 명이어서, 수첩에 끼워 놓거나 스마트폰에 기록해 놓고는 나도 모르게 잊어버리는 경우가 많다. 눈에 보이지 않기 때문이다. 한편 매일 아침 눈을 떴을 때 보게 되는 곳에 붙여 놓으면 매일 목표를 확인할 수 있으며, 그 결과 목표 달성률도 높아진다.

또한 독서가 습관화된 사람은 전자책도 상관없지만, 아직 독서가 습관화되지 않은 사람은 종이책을 활용하자. 물론 지금은 스마트폰으로도 책을 읽을 수 있는 시대이기는 하다. 그러나 스마트폰으로 책을 읽고 있는데 자꾸 문자나 메시지가 오면 그쪽에 더 신경이 쓰이게 된다. 전자책 앱을 열려고 하다가 자신도 모르게 게임을 켜고 그쪽에 열중하는 경우도 있다.

스마트폰은 우리의 생활을 매우 편리하게 만들어 줬지

만, 자신도 모르게 충동적으로 행동하는 일이 많아진 것도 사실이다. A를 하려고 했는데 충동적으로 B를 해 버리는 일이 자주 일어나는 시대다. 그만큼 외부의 자극에 약해졌다는 점을 감안하면서 어떻게 해야 독서하는 습관을 들일 수 있을지 고민해 보기 바란다.

사람은 물리적인 존재에 큰 영향을 받는다. 손에 들고 있는 책의 존재감이 독서를 촉진시켜 줄 것이다.

하루에 책을 얼마나 많이 읽는지는 중요하지 않다. 그냥 책 한 권을 가방에 집어넣는 것부터 시작해 보자. 책을 손에 들게 되는 횟수가 극적으로 늘어날 것이다.

03
생각할 여유를 주지 않고
그냥 한다

습관화를 할 때 중요한 점은 할지 말지를 뇌에서 판단하지 않고 그냥 매일 하는 것이다.

'오늘은 책을 가지고 나갈까, 말까?', '오늘은 독서를 할까, 말까?' 이런 망설임이 생겨나면 우리 인간은 자신도 모르는 사이에 하지 않을 이유를 찾기 시작한다. 오늘은 바빠서 책을 읽을 시간이 없으니 내일 읽자며 독서를 미루는

데, 다음날이 되면 또다시 바쁘다고 핑계를 대며 그 다음날로 미루기를 반복한다. 뒤로 미루기의 악순환에 빠져 버리는 것이다.

뒤로 미루기의 악순환에 일단 빠져 버리면 여기에서 빠져나오는 데는 엄청난 의지력이 필요하다. 과거에 나는 정기적으로 피트니스 센터에 다니며 운동을 했는데, 잠시 일이 바빠서 못 가게 되자 심리적인 허들이 높아져서 다시 피트니스 센터에 가기가 쉽지 않았다. 가야지 가야지 생각만 하는 사이에 한 달이 지나 버린 것이다. 이 일을 통해서 나는 습관화를 하고 싶다면 할지 말지 판단하지 않아도 되도록 만드는 것이 중요하다는 교훈을 뼈저리게 느꼈다.

어떻게 해야 판단할 여지를 주지 않고 행동할 수 있게 될까? **그 비결은 다른 행동과 한 세트로 만드는 것이다.** 당신은 언제 이를 닦는가? 나는 아침에 샤워를 마친 뒤에 이를 닦는다. 이 흐름이 완성되어 있어서, 샤워를 하고 옷을 입은 뒤에는 아무것도 생각하지 않고 무의식적으로 칫솔을 손에 든다. 이처럼 A를 했으면 B를 한다는 패턴으로 이미 가지고 있는 습관과 새로운 습관을 조합시키면 습관화에 성공할 가능성이 커진다.

나는 이동 시간에 항상 책을 읽기로 결정했기 때문에 전철을 타면 가방에 스마트폰을 집어넣고 그 대신 책을 꺼낸다. 처음에는 익숙하지 않았지만, 계속 반복하는 사이에 머리로 생각하지 않아도 그렇게 할 수 있게 되었다.

즐거운 습관과 새로운 습관을 조합하는 것도 좋은 방법이다. 예를 들어 좋아하는 카페에 가는 것은 즐거운 습관인데, 그 카페에 가면 독서를 한다고 결정하는 것도 습관화의 성공률을 높여 준다. 카페를 가는 빈도에 크게 좌우된다는 난점이 있기는 하지만, 카페를 자주 간다면 추천하는 방법이다.

이처럼 습관화를 할 때는 판단하거나 생각할 여지를 남기는 않는 것이 중요하다. 이를 위해서도 이미 매일 하고 있는 습관과 한 세트로 조합해 보자. 계속하기가 훨씬 쉬워질 것이다.

습관화에 성공하는 사람과 실패하는 사람

 습관화에 성공하는 사람

시간 여유가 있으니
카페에 가자.

카페에 왔으니
책을 읽자.

습관화에 실패하는 사람

하지만 사실은 별로
내키지 않아…….

내일은 일찍 일어나서
30분 동안 독서를 하자.

04

기록을 통해서

성찰하고 개선한다

"이유 없는 승리는 있지만 이유 없는 패배는 없다."라는 말이 있다. 프로야구 감독이었던 노무라 가쓰야가 남긴 명언이다. **어떤 행동을 했는데 잘되지 않았을 경우는 그 이유를 생각해 보고 개선책을 마련하자. 그러면 다시 새로운 아웃풋으로 연결시킬 수 있다.** 반대로 잘됐을 경우는 그 이유를 생각해 보고 성과를 더욱 높이려면 어떻게 해야 할지 고민한다.

행동하는 것은 물론 중요하다. 다만 행동을 하더라도 시작부터 최고의 결과를 얻기는 매우 어렵다. 그래서 매일 개선해 나가야 하는 것이며, 이를 위해서는 개선을 위한 도구가 반드시 필요하다.

기록은 계속해 나갈 의욕을 만들어 낸다. 애초에 지금까지 해 온 독서가 성과로 연결되고 있는지 모르겠다는 사람도 있을 것이다. 그런 사람에게도 기록해 볼 것을 권한다. 기록을 해 보면 독서가 생각보다 더 자신의 인생에 긍정적인 효과를 가져다주고 있음을 깨닫게 되며, 그 결과 독서가 더욱 즐거워질 것이다. 또한 책을 읽고 시작한 행동이 잘되지 않았더라도 그 행동을 함으로써 얻게 되는 깨달음을 명확히 그리고 객관적으로 기록해 놓는다면 역시 확실한 진보로 이어진다. "나는 단 한 번도 실패한 적이 없다. 그저 성공적이지 못한 방법을 1만 가지 찾아냈을 뿐이다."라는 에디슨의 말은 바로 그런 의미인 것이다.

그렇다면 어떻게 기록해야 효과적일까? 내게는 리플렉션 노트라는 방법이 효과적이었다. 리플렉션reflection은 성찰이라는 의미로, 쉽게 말하면 되돌아보는 것이다. 내가 공부한 케임브리지 대학교 대학원에서는 수업 시간마다 이 리플렉션을 귀에 못이 박히도록 지도했다. **행동은 중요하지만 그 행동을 철저히 성찰하는 것도 역시 중요하며, 그 성찰이 있어야 비로소 자신을 높일 수 있다.**

목표달성기법 중에 PDCA라는 방식이 있다. 계획Plan, 실행Do, 평가Check, 개선Act의 4단계를 반복하여 업무를 지속적으로 개선, 관리하는 방법이다. 리플렉션 노트에서는 DCAP의 순서로 적는다.

D에는 어떤 행동을 했는지를 적는다. 책을 읽고 한 행동이나 읽은 내용도 좋을 것이다. C에는 그 행동을 하고 깨달은 바를 기입한다. 어땠는가? 무엇을 느꼈는가? A는 개선책이다. 어떻게 해야 좀 더 나아질까? 마지막은 P다. 다음에 어떤 구체적인 행동을 해야 효과적일까?

각각 한 줄씩 짧은 문장이라도 좋으니 곰곰이 생각해서 글로 적어 보면 좋은 성찰을 할 수 있게 된다. 그리고 기록을 함으로써 진척 상황을 관리한다는 감각이 계속하기 위한 의욕을 만들어 줌을 느낄 수 있을 것이다.

Action!

DCAP의 순서로 하나하나 적어 본다

			20xx/1/8
Ⓓ	Ⓒ	Ⓐ	Ⓟ
책에 적혀 있는 대로 '중요한 것은 세 가지'임을 전하며 이야기한다.	두 번째에 관한 이야기가 길어지는 바람에 듣는 사람이 따분해진 듯했다.	세 가지 포인트를 단적으로 전할 수 있도록 훈련할 필요가 있다고 생각한다.	내일은 세 가지 포인트를 미리 정리해 놓고 영업에 임하자.

기록할 때의 포인트

D 먼저 할 일을 적는다.

C 해 본 결과를 적는다.

A 개선책을 적는다.

P 내일 할 일을 적는다.

05
책을 읽기에
가장 적합한 곳을 찾자

나는 사무실에서는 절대로 독서를 하지 않는다. 업무 모드로 전환한 상태이기 때문이다. 다른 직원들이 일에 몰두하고 있는 모습을 보고 있으면 도저히 책을 읽을 기분이 들지 않는다. 또한 집에서도 그다지 독서를 하지 않는다.

누가 뭐래도 사람은 눈에 보이는 것에 큰 영향을 받는다. 다이어트 중이라도 맛있는 음식이 눈에 보이면 자신도 모르게 손을 뻗게 되는 것이 인간의 본성이다.

무엇인가에 집중하기 위한 가장 이상적인 환경은 필요한 것 이외에는 아무것도 없는 곳이다. 의지력을 발휘하지 않아도 되는 환경을 찾아가야 하는 것이다. 내가 생각할 때 독서에 가장 적합한 곳은 카페다. 테이블 위에 필요한 것만 꺼내 놓으면 자신도 모르게 다른 것에 손을 뻗게 되는 일은 없어진다. 그리고 카페처럼 적당한 소음이 있는 환경이 쥐 죽은 듯 조용한 장소보다 더 집중이 잘 된다. 너무 조용한 장소에 있으면 잠이 오기도 하고, 사람에 따라서는 작은 소리가 신경 쓰여 집중하지 못하는 경우도 있기 때문이다.

이것은 심리학 실험을 통해 밝혀진 사실인데, 개방적인 장소보다 천장이 낮은 곳에 있을 때 더 집중력이 높아진다고 한다.

전철도 독서를 하기에 좋은 환경이다. 나는 항상 내가 좋아하는 카페에 가서 책을 읽거나 이동 중에 전철에서 책을 읽는다. 장소를 바꾸면 같은 행동을 하더라도 집중력이 명백히 달라진다. 집에서는 도저히 집중이 안된다면 자신에게 맞는 장소를 찾아보는 것도 효과적이다.

내가 추천하는 방법은 아침 일찍 일어나서 아직 전철에 승객이 적은 시간대에 집을 나와 회사나 학교 근처의 카페에서 여유롭게 책을 읽는 것이다. 시간을 효율적으로 사용하면서 의욕도 높일 수 있다.

즉시 행동하기 위한 공식이 의지력×환경×감정이라는 데서도 알 수 있듯이, 환경은 매우 강력한 힘을 지니고 있다. 그러니 독서에만 몰두할 수 있는 환경을 찾아보기 바란다. 틀림없이 어딘가에 존재할 것이다.

06

매일 아침
칵테일파티 효과를 노린다

장소와 함께 생각해야 할 것은 바로 책을 읽는 시간이다.
기왕이면 칵테일파티 효과를 노리자. 칵테일파티 효과란
많은 사람이 잡담을 나누는 시끄러운 환경에서도 자신의
이름이나 자신이 흥미를 느끼는 사람의 말소리는 자연스
럽게 귀에 들어오는 현상을 의미한다. 우리 인간은 필요한
정보를 선택적으로 인지하도록 만들어져 있는 것이다.

아침에 독서를 하면 아침에 읽은 내용이 머릿속에 남아 있기 때문에 그 내용을 현실에 응용하며 생각하기가 더 쉬워진다. 예를 들어 아침에 영업 기술에 관한 책을 읽고 출근해서 영업을 하게 되었다고 가정하자. 그러면 아침에 읽었던 책 내용과 똑같은 상황이 벌어지거나 책 내용을 기반으로 지금의 행동을 반성하는 등 책에서 얻은 지식을 현실에 투영하기가 쉬워진다. 읽은 내용을 전부 기억하지는 못하더라도 머릿속 한구석에는 남아 있는 경우가 있다. 그 내용이 눈앞의 상황과 연결되었을 때, 그것은 단순한 지식에서 경험으로 바뀐다. 이렇게 하면 책 내용을 현실에 응용할 수 있게 되어 독서 효과가 극대화된다.

전철로 출근하는 사람들에게는 책 읽는 장소를 전철로 한정해서 하루에 한 권씩 읽는 습관을 들이는 방법을 추천한다. 특히 아침에 독서를 하는 것이 좋은 이유는 뇌가 정리된 상태이기에 책을 읽으면서 이런저런 아이디어가 잘 떠오르기 때문이다. 또한 책 읽는 장소를 전철 안으로 한정함으로써 스마트폰을 들여다보며 시간을 낭비하는 일을 피하는 효과도 있다.

07

1일 1행동을
독서 목표로 삼자

'일일일선─日─善'이라는 말이 있다. 하루에 한 번은 착한 일을 하자는 것이다. 내가 제안하고 싶은 것은 '1일 1행동'이다. 책을 읽는 것을 목표로 삼지 말고 '1일 1행동'을 목표로 삼아 보면 어떨까? 예를 들어 출근길에 읽은 책에 "매일 가방 속을 깨끗하게 비우자. 그러면 머릿속도 정리된다."라고 적혀 있었다면 귀가하자마자 시도해 보는 식이다.

나는 독자들에게서 책에 대한 후기를 들을 때가 많다. 그중에는 "선생님의 책을 읽고 스마트폰을 침실에 가지고 들어가지 않는 습관을 들인 뒤로 매일 꿀잠을 잘 수 있게 되었습니다." 같은 것도 있었는데, 바로 이것이 책을 읽고 그 내용을 확실히 행동으로 옮긴 예다.

개중에 행동의 규모나 질에 집착하는 사람도 있을 것이다. 하지만 그런 것에 너무 연연하지 않아도 된다. 무엇인가 행동을 한다는 것 자체에 의미가 있다고 생각하자. 예를 들어 책을 읽다가 프랑스 혁명에 관한 언급이 나와서 호기심이 생겼다고 가정해 보자. 그럼 아래와 같이 행동해 보는 것이다.

첫째, 책을 덮고 인터넷에서 프랑스 혁명에 관해 검색한다. 둘째, 관심이 가는 인물이나 사건에 관해 깊게 조사해 본다. 셋째, 조사한 내용을 정리하고, 자신의 생각 등도 적어 본다.

이것도 충분히 훌륭한 행동이다. 책을 읽고 느낀 점을 SNS에 올리거나 저자에게 메시지를 보내는 것도 행동이다. 행동을 하면 반드시 어떤 반응을 얻을 수 있다.

다시 한번 말하지만, 책 한 권을 처음부터 끝까지 다 읽는 것에 너무 집착하면 독서가 괴로워질 수 있다. 책 한 권을 전부 읽는 것은 중요하지 않다. **책에서 힌트를 얻어서 그전까지 자신이 해 본 적이 없었던 일에 도전하거나 이전과는 다른 관점에서 생각해 봄으로써 성과를 올리는 등 행동해서 나 자신을 성장시키는 것이 훨씬 중요하다.**

독자 중에는 책을 많이 읽는 사람도 있을 것이다. 물론 책을 많이 읽음으로써 얻게 되는 이점도 적지 않다. 지식도 늘어날 것이다. 그러나 행동이 바뀌지 않았다면 책을 많이 읽은 의미가 없다. 특히 독서를 좋아하지 않는 사람은 책을 처음부터 끝까지 전부 읽지는 않는다고 정해 놓는 편이 책 읽는 습관을 들이는 데 도움이 될 것이다.

앞으로는 책을 처음부터 끝까지 전부 읽는 것이 아니라 1일 1행동을 독서의 목적으로 삼아 보기 바란다. 책을 읽는다기보다는 인터넷 쇼핑몰에서 살 만한 것을 찾는 느낌으로 자신이 실천할 수 있는 것은 없는지 행동의 힌트를 찾으면서 읽는 방식이다. 1일 1행동으로 경험치를 높여 나가자.

08
독서를 방해하는 것들은
미리 차단해 놓는다

습관화를 위해서는 습관화를 위한 행동과 습관을 방해하
는 요인의 배제라는 두 가지 요소가 필요하다. 습관화를
방해하는 대표적인 요소는 아마도 스마트폰일 것이다. 스
마트폰은 매우 편리한 문명의 이기여서, 스마트폰 하나만
있으면 많은 것을 할 수 있다. 업무 메일도 SNS도 전부 쉽
게 확인할 수 있고, 심심할 때도 완벽한 친구가 되어 준다.

그러나 동시에 무서운 시간 도둑이 될 수도 있다. 스마트폰에 휘둘리며 살아가는 사람도 적지 않을 것이다.

모처럼 독서를 하고 있어도 SNS나 메신저 등의 알림이 오면 누구나 신경이 쓰이기 마련이다. 그러면 나중에 보기로 하고 계속 책을 읽자는 자제심을 발휘해야 하는데, 사실 이렇게 자제하는 것도 그다지 좋은 일은 아니다.

2017년 칼턴 대학교의 마리나 밀랴프스카야 교수와 토론토 대학교의 마이클 인즐리치 교수가 대학생 159명을 대상으로 실시한 연구 결과에 따르면 목표 달성률은 유혹과 접촉한 횟수에 반비례하기 때문이다. **유혹과 접촉하는 횟수 자체가 적은 사람이 가장 목표를 달성할 가능성이 높았던 것이다.** 목표를 달성하고 싶다면 애초에 유혹과의 접촉을 최대한 줄여야 한다는 말이다. 유혹에 지지 않도록 자신을 통제하는 것 자체가 의욕 저하의 원인이 된다.

다이어트를 위해 눈앞에 있는 아이스크림을 먹지 않는다는 선택을 했다고 가정해 보자. 이것은 먹고 싶다는 본심을 억누르고 있다는 뜻이다. 이 본심을 억눌렀을 때 마음속에 남는 답답함이 의욕의 저하를 초래하고 목표 달성을 향한 활력을 빼앗는 커다란 원인이 되는 것이다.

이 연구 결과에서 이끌어낼 수 있는 사실은 목표를 설정할 때는 무엇이 방해물이 될지를 사전에 명확히 해야 한다는 것이다. 다시 말해 자신을 통제하지 않아도 되는 환경에 몸을 두는 것이 중요하다. 자제할 필요가 없는 환경을 만들어 놓으면 목표 달성률은 크게 높아진다.

그래서 나는 독서를 할 때 우리가 충동적으로 행동하도록 만드는 원인인 스마트폰과 물리적으로 거리를 두고 있다. 손이 닿는 곳에 스마트폰이 있으면 신경이 쓰일 수밖에 없다. 그러나 손이 닿지 않는 곳에 있으면 조금은 신경이 쓰이더라도 책 읽기가 끝난 다음에 가지러 가자며 깔끔하게 포기할 수 있다.

집에서 독서를 할 때는 스마트폰을 다른 방에 두도록 하자. 전철이나 버스로 이동 중에 독서를 할 때는 비행기 모드를 켜서 통신이 안 되게 해 보자. 방해 요인을 멀리 하면 훨씬 원활하게 습관으로 만들 수 있을 것이다.

물론 이것은 스마트폰에만 국한된 이야기가 아니다. 게임기나 만화책 등, 당신의 주변에는 독서를 방해하는 물건

들이 넘쳐날 것이다. 그런 방해 요인도 멀리하는 것이 좋다. 중요한 것은 주변에 있는 방해물을 자신으로부터 얼마나 멀리 떨어뜨려 놓느냐이다. 인간은 결국 유혹에 굴복할수밖에 없다. 그리고 유혹에 지면 자존감이 점점 낮아지며의욕도 사라진다.

스마트폰의 유혹에 굴복하지 않도록 의지력을 키우기보다 의지력을 쓰지 않아도 되는 물리적인 환경을 만들자. 그쪽이 훨씬 쉽고 편하다.

PART 7

행동으로 이어지는
책 선택법

SECRETS OF ACTIVE
READING SKILLS

단골 서점을
두 곳 이상 만들어 놓는다

당신은 단골 서점이 있는가? 나는 회사와 집 근처에 있는 서점에 주 2~3회는 반드시 간다. 오사카도 30분 거리여서 갈 일이 많은데, 갈 때마다 반드시 여러 서점을 찾아간다. 인터넷 서점은 물론 매우 편리하지만, 원하는 책이 확실히 있어서 그것을 빨리 읽고 싶을 때만 활용하고 있다. **책 구입 시 실물을 봤을 때의 느낌을 중요하게 여기기 때문이**

다. 오프라인 서점에는 자신의 마음의 움직임을 느낄 수 있다는 이점이 있다.

오프라인 서점에는 크게 두 가지 유형이 있다. 첫째는 출퇴근이나 등하교를 하는 도중에 들를 수 있는 서점이다. 역 안이나 근처에 있는 비교적 소규모의 서점은 대형 서점에 비해 책장의 수가 적기 때문에 한정된 수의 책만을 들여놓을 수 있다. 파는 쪽의 관점에서 생각하면 이해하기 쉬운데, 역 주변은 기본적으로 임대료가 비싸기 때문에 안 팔리는 책보다는 잘 팔리는 책을 들여놓으려 한다. 책의 교체도 비교적 빠르기 때문에 일주일에 몇 번 정도 가 보면 어떤 신간이 나왔는지, 요즘 어떤 책이 잘 팔리는지 금방 알 수 있다. 효율적으로 트렌드를 파악할 수 있다는 의미에서도 정기적으로 들르도록 하자. 세상의 흐름이 어떻게 변하고 있는지 느낄 수 있을 것이다.

둘째는 중규모 또는 대규모 서점인데, 이곳에는 또 다른 장점이 있다. 소규모 서점에 비해 책장의 수도 많고 공간도 넓기에 그 시기 등에 맞는 특집 코너를 마련하고 그 주제에 맞는 책을 소개해 준다. 예를 들어 주제가 커뮤니케이션이라면 커뮤니케이션에 관한 최신 서적뿐만 아니라 초판이 나온 지 조금은 시간이 지난 양서도 진열된다. 숨은 양서를 발견할 기회가 늘어나는 것이다. 여기에 분야별 코너도 충실해, 이것저것 꺼내서 조금 읽어 보며 느낌이 좋은 책을 찾기가 용이한 점도 있다.

중요한 것은 단골 서점을 두 곳 이상 만들어 놓는 것이다. 그 이유는 고객층이 다르기 때문이다. 고객층이 다르면 판매량 순위도 달라지며, 그 고객층이 어떤 책에 관심이 있는지 알면 업무와 관련된 힌트나 아이디어를 발견할 수 있을 때도 많다. 매번 한 서점만 가게 되면 시야가 좁아지고 만남의 선택지도 좁아져 버린다.

서점은 책뿐만 아니라 아이디어나 힌트를 만날 수 있는 곳이기도 하다. 여러 서점을 찾아감으로써 자신의 가능성을 넓힐 수 있는 선택지를 갖기 바란다.

단골 서점을 두 곳 이상 만든다

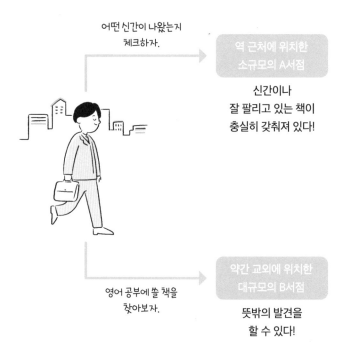

어떤 신간이 나왔는지
체크하자.

**역 근처에 위치한
소규모의 A서점**

신간이나
잘 팔리고 있는 책이
충실히 갖춰져 있다!

영어 공부에 쓸 책을
찾아보자.

**약간 교외에 위치한
대규모의 B서점**

뜻밖의 발견을
할 수 있다!

"
용도에 맞춰서
서점들을 이용하자!
"

02

서점에서의
우연한 만남을 즐기자

"Things do not happen. Things are made to happen."
(우연히 일어나는 일은 없다. 일어날 만 해서 일어나는 것이다.)

미국의 제35대 대통령인 존 F. 케네디가 한 말이다. **뭐니 뭐니 해도 오프라인 서점의 가장 큰 즐거움은 예상치 못한 만남이 아닐까?** 누군가와의 우연한 만남이 인생을 바꿀 때가 있듯이, 어떤 책과의 우연한 만남이 인생을 바꾸기도 한다.

앞에서 이미 이야기했지만, 실제로 내 인생은 우연한 만남을 통해 바뀌었다. 고등학생이 될 때까지 책 한 권을 제대로 읽은 적이 없었던 나는 고등학교 1학년 때 사건을 일으켜 자택 근신 정학 처분을 받았는데, 부모님과 함께 참고서를 사러 가는 것만은 허용되었다. 그래서 서점에 갔다가 내 인생을 바꾸는 계기가 된 책 한 권과 만났던 것이다. 새로운 나로 다시 태어나고 싶었던 당시의 나는 그 후로 나의 의문에 대답해 줄 것 같은 책을 계속해서 읽어 나갔다.

PART 2에서 자신의 내부에 있는 어떤 문제의식이나 의문을 명확히 하는 것의 중요성을 이야기했는데, 관심이 없는 것은 눈에 들어오지 않게 되어 있다. 달리 말하면 관심을 끈 책에는 자신의 잠재적인 호기심이나 문제의식이 숨어 있다는 의미이기도 하다.

즉시 행동하는 사람의 공통점은 역산 사고뿐만 아니라 축적 사고도 중요하게 여긴다는 것이다. 역산 사고는 최종 목표를 명확하게 설정하고 그 목표를 달성하기 위해 최단 거리를 내달리는 사고방식이다. 독서를 예로 들면 영업 기술을 갈고 닦을 목적으로 영업에 관한 책을 사는 식이다.

한편 축적 사고는 최종 목표를 설정하지 않고, 무엇으로 연결될지는 알 수 없지만 어쨌든 흥미를 느끼는 것을 해 본다는 사고방식이다. 주위 사람들에게 그런 걸 배워서 뭐에 쓰려고 하느냐는 말을 들을지도 모르지만, 서점에 갔다가 우연히 눈에 띈 미술사 책을 집어서 조금 읽어 보니 너무 재미있어서 푹 빠져드는 식이라고나 할까?

스티브 잡스가 캘리그래피에 푹 빠져 있었다는 이야기는 매우 유명한데, 왜 푹 빠져들었는지 그 이유를 아는가? 잡스가 대학교를 중퇴하고 캘리그래피에 빠져든 이유는 어떤 목적을 달성하려 했기 때문이 아니었다. 그저 우연히 접하고 그 매력에 빠진 것이었다.

오프라인 서점의 장점은 '예상하지 않았던 정보와의 만남'에 있다. 하물며 지금은 글로벌화가 빠르게 진행되어 국경이라는 벽이 점점 사라져 가는 시대다. 이런 시점에서 우리에게 필요한 것은 바로 교양과 축적 사고가 아닐까?

쓸모가 있는 책만 읽는 것이 아니라 왠지 재미있어 보이는 책과의 만남도 즐긴다는 자세가 있을 때 인간적인 재미도 갖출 수 있게 될 것이다.

자신도 미처 몰랐던 관심사를 발견한다면 똑같은 관심사를 가진 사람과 국경을 초월해서 이어질 수도 있다. 오늘날은 그것이 가능한 시대다. SNS에 표현하거나 활동에 참가함으로써 지적 탐구를 더욱 깊게 하자.

03

범위를 한 분야로
철저히 좁혀서 공략한다

다양한 분야의 책을 폭넓게 읽으면 다각적으로 생각할 수 있게 된다. 그러나 지금 특히 관심이 있는 분야가 있거나 습득하고 싶은 지식 또는 스킬이 있다면 한 분야로 범위를 좁혀서 독서해 보자. **이것도 손대고 저것도 손대기보다 한 점 돌파를 하는 편이 효율적이기 때문이다.**

예를 들어 토익 공부를 할 때 해서는 안 되는 일은 전부 골고루 공부하는 것이다. 토익은 7개 파트로 구성되어 있는 시험인데, 가장 점수를 따기 쉬운 파트는 2와 5다. 단기간에 점수를 높이지 못하는 사람들을 보면 모든 파트를 골고루 공부하려다 공부해야 할 것이 너무 많아서 지쳐 버리는 경우가 많다. 반면에 한 점 돌파를 결심하고 파트 2만을 철저히 공부하면 확실히 점수를 높일 수 있으며, 이것이 자신감으로 이어져 다른 파트도 열심히 공부하려는 의욕도 생긴다.

독서도 마찬가지다. 커뮤니케이션 능력을 키우기로 생각했다면 커뮤니케이션에 관한 책들을 닥치는 대로 읽어 보기 바란다. 그 기간 동안은 철저히 커뮤니케이션에 관해서만 생각하고 실생활에서도 의식적으로 커뮤니케이션을 하자. 틀림없이 변화를 실감할 수 있을 것이다.

04
당신에게 딱 맞는 책을
만나기 위한 세 가지 포인트

주위 사람들이 좋다고 추천해 준 책을 읽어봤지만 자신과
는 잘 맞지 않았던 경험이 있을 것이다. 이것은 책에도 상
성이라는 것이 있기 때문이다. 그러므로 자신과 상성이 좋
은 책인지 판단하는 당신만의 기준을 만들어 두는 편이 좋
을 것이다.

　내 경우에는, 서점에서 어떤 책에 흥미를 느꼈으면 항

상 목차와 머리말, 그리고 저자의 프로필을 빠르게 훑어본다. 물론 목차 속에서 흥미를 끄는 항목을 발견하면 그 항목을 읽어 보기도 하지만, 기본적으로는 재미있어 보이는 항목이 있는지 없는지를 확인한다.

머리말에서는 문장이 나의 감성과 잘 맞는지를 확인한다. 똑같은 이야기라도 머릿속에 쏙쏙 들어오게 말하는 사람과 무슨 말을 하는지 잘 이해가 안 가게 말하는 사람이 있듯이, 내 머릿속에 쏙쏙 들어오도록 글을 쓰는 사람인지 아닌지 확인하는 것이다.

저자의 프로필도 확인한다. 흥미로운 사람인지 확인하기 위함이다. 대체로 어떤 분야의 굉장한 전문가라는 느낌이 드는 '깊이가 있는' 사람이거나 다양한 경험을 해 온 '폭이 넓은' 사람일 경우 관심이 생길 때가 많다. 물론 프로필이 전부는 아니지만, 그래도 그 저자에게 관심이 생긴다면 당신의 호기심도 자극을 받을 것이다.

이 세 부분을 빠르게 읽어 봤는데 마음에 반응이 없다면 빨리 집에 가져가서 읽어 보자는 생각은 들지 않을 것이다. '빨리 집에 가져가서 읽어 보자.'를 10점 만점으로 놓고 점수를 매겨 보기 바란다. 점수가 낮은 책은 구입하더라도 읽지 않은 채 쌓아 놓게 될 가능성이 크다.

심리학에서는 초두 효과primacy effect라는 용어가 있다. 첫인상이 오랫동안 강한 영향력을 발휘한다는 것인데, 이것은 책과의 만남도 마찬가지다. 첫인상을 즐기기 바란다.

05
두근거림보다
강한 이유는 없다

책을 사는 기준은 간단하다. 읽고 싶다는 생각이 들면 사는 것이다. 딱히 관심은 없지만 요즘 잘 팔린다는 이유로 일단 사 본 책은 쌓아 놓고 읽지 않게 될 가능성이 크다.

사회 심리학에는 밴드왜건 효과band wagon effect라는 용어가 있다. 다들 하고 있으니까 나도 해 보자는 군중심리에 따른 동조 현상의 일종이다. 남들이 전부 읽고 있는데 자신만 읽지 않으면 대화에 끼지 못한다는 생각에서 일단 사 놓고는 결국 읽지 않고 쌓아만 놓는 사람들이 매우 많다.

물론 판매 순위에 들어 있는 책이나 베스트셀러, 요즘 유행하는 책에는 잘 팔리는 이유가 반드시 존재한다. 좋은 책도 적지 않다. **그러나 아무리 잘 팔리는 책이라도 빠르게 훑어보고 재미있겠다 싶으면 사지만 어딘가 난해해 보이면 안 산다는 식의 기준을 가지고 있어야 한다.** 단순히 판매 순위에 들어 있다고 해서, 사람들이 좋게 평가한다고 해서 그 책이 자신에게도 좋은 책이라는 보장은 없다. 재미있겠다는 생각이 들지 않는다면 사 놓고서도 읽지 않게 되며, 당연히 행동으로도 이어지지 않는다.

이 책을 읽으면 내가 변화할 것 같다, 구체적인 아웃풋을 할 수 있을 것 같다는 식의 느낌은 결코 무시할 수 없다. 서점에서 책을 꺼내 들고 페이지를 빠르게 넘기면서 훑어봤을 때 가슴이 두근거리는 느낌을 받았는가? 좋은 책이라는 생각이 들었는가? 그랬다면 즉시 구입하자.

06
포기하지 않을 수준의
책을 고른다

앞에서 책을 선택할 때의 판단 기준으로 두근거림과 함께 머리말의 문장이 머릿속에 쏙쏙 들어오는지가 중요하다는 이야기를 했다.

문장이 머릿속에 쏙쏙 들어오지 않는, 미간에 힘을 주면서 읽어야 하는 책은 읽더라도 도중에 포기할 가능성이 매우 크다. 어지간히 그 책을 읽어야 할 동기가 없는 한 어려울 것이다. 나는 머릿속에 쏙쏙 들어오지 않는 책은 억지로 읽으려 하지 않는다.

독자 중에는 영어 공부를 열심히 하고 있는 사람도 있을 텐데, 그중에는 영문 서적에 도전하는 사람도 많을 것이다. 영문 서적을 한 권 읽을 수 있는 기술을 익히면 전 세계의 온갖 책을 접할 수 있게 된다고 해도 과언이 아니기 때문이다. 앞으로 영문 서적에 도전하려는 사람에게는 먼저 번역 서적을 읽은 다음 원서를 읽어 보는 방법을 추천한다. 이렇게 하면 이해하기가 훨씬 쉬워진다. 무슨 내용이 적혀 있는지 알고 있으면 영문 서적을 읽을 때의 허들도 낮아지는 것이다. 허들을 낮추려는 고민은 어떤 일을 계속하기 위해 반드시 필요하다.

나는 대학 입시 공부를 시작할 때 일본 역사를 공부하기 위해 어린이용 역사책부터 읽었다. 새로운 정보가 너무 많은데다가 문장까지 어려우면 포기할 수밖에 없기 때문이다. 특히 새로운 분야의 기술이나 지식을 습득하려고 마음먹었을 때는 글이 자신의 머릿속에 쏙쏙 들어오는 감각이 매우 중요하다. 내용이 머릿속에 쏙쏙 들어오지 않는다면 책의 수준이 자신에게 맞지 않을 가능성이 크다. 지금은 입문서도 많이 나와 있고 만화 형식의 책도 많으므로 그런 책부터 읽어 보는 것도 좋다.

독서는 수단이라는 사실을 잊지 말기 바란다. 자신을 바꾸는 독서를 하려면 자신의 수준에 맞는 책을 골라야 한다. 안 그러면 그 힘을 제대로 이용할 수 없다.

07

출장이나 여행을 가면
동네 서점에 가 보자

나는 출장이나 여행을 가면 반드시 그 지역의 서점을 찾아 간다. 물론 내가 살고 있는 교토의 단골 서점은 매주 찾아 가서 어떤 책이 판매 순위에 올랐는지, 어떤 책이 새로 나왔는지 트렌드를 확인한다. 그래서 대체로 어떤 책이 앞에 진열되어 있는지는 잘 안다.

독서를 즐겁게 만드는 방법 중 하나는 최대한 많은 서

점에 가 보는 것이다. 서점마다 잘 팔리는 책이 달라서 의외의 책이 판매 순위에 올라 있기도 하고, 서점에 따라 추천하는 책이나 눈에 잘 띄는 장소에 진열하는 책이 다를 때도 있다. 특히 출장지나 여행지 같이 평소에 갈 일이 없는 지역이라면 이런 특색은 더욱 강해진다. 그 지역에 뿌리를 내린 기업의 책이 판매 순위의 상위를 차지하고 있는 경우도 있다. 히로시마에 가면 히로시마의 프로야구팀인 히로시마 카프에 관한 책이 강세를 보이고, 홋카이도에 가면 또 판매 순위에 오른 책의 면면이 조금 달라지기도 한다.

같은 도쿄라 해도 지역에 따라 특색이 크게 달라진다. 마루노우치_{도쿄 역 주변}에서는 초보자를 대상으로 한 영어책보다 중급자 이상을 대상으로 한 영어책이 잘 팔리며, 그래서 진열되어 있는 영어책도 이케부쿠로_{도시마 구}의 서점과는 크게 다르다.

이렇게 자신의 일상적인 행동 범위를 넘어선 곳에 있는 서점을 찾아가 보면 평소에 만난 적이 없었던 책을 만날 기회가 많다. 잘 팔리는 책은 잘 팔리는 이유가 있다. 그 이유를 찾아보면서 독서를 하면 그 지역에 사는 사람들의 특징을 이해할 수 있다.

외국에 갔을 때도 서점에는 반드시 들른다. 나는 과거에 외국에서 물건을 수입해 파는 비즈니스를 했었기 때문에 외국에서 유행한 것은 일본에 뒤늦게 들어와서 유행한다는 사실을 알고 있었다. 얼마 전에는 예전에 살았던 영국에 오랜만에 갈 일이 있었는데, 런던의 서점을 여러 곳 찾아갔다. 물론 일본에 들어오지 않은 책의 판매량도 확인하면서 앞으로 일본에서 일하는 사람들이 무엇에 관심을 갖게 될지, 나는 어떤 아이디어를 제안할 수 있을지 생각해 봤다.

이번에 외국 서점에 가서 얻은 커다란 수확은 흩어져 있는 정보를 하나로 모으는 책의 니즈가 높다는 사실을 깨달았다는 것이다. 인터넷과 스마트폰이 보급됨에 따라 무료로 정보에 접근하기는 매우 쉬워졌다. 다만 그런 편리성을 손에 넣은 대신 한 가지 사항에 관해 정보가 넘쳐나는 나머지 무엇이 옳은 정보인지 알 수가 없는 혼돈의 상태에 빠져 있다. 이 말은 전 세계의 모든 사람이 무엇을 믿어야 할지 어려움을 겪고 있다는 뜻이다. 따라서 거래처와 협의를 하거나 프레젠테이션을 할 때 분산된 정보를 바탕으로 최선의 답을 심플하게 제안한다면 큰 효과가 있음을 알게 된 것이다.

잘 팔리는 책에는 반드시 이유가 있다. 출장이나 여행을 가면 꼭 서점을 찾아가 보기 바란다. 여러 가지 새로운 발견을 할 수 있을 것이며, 그런 발견이 지식의 폭을 넓혀 줄 것이다.

출장을 간 지역의 서점에 들러 본다

> 여행지나 출장지의 서점에 가 보면
> 생각지도 못했던 만남이 기다리고 있다!

08
메일 매거진이나 SNS를 활용해
책을 소개받는다

서점에서만 책과 만날 수 있는 것은 아니다. 독서를 위해
서는 만남의 선택지를 늘려 놓는 것도 중요하다.

　그 방법 중 하나가 메일 매거진이다. 나는 아마존에서
다수의 베스트셀러를 발굴해 냈던 도이 에이지의 '비즈니
스북 마라톤'이라는 메일 매거진을 10년 이상 구독하고 있
다. 비즈니스 서적을 매일 한 권씩 소개하는 매거진으로,

날카로운 관점의 서평과 책을 선택하는 기준은 내게 많은 깨달음을 가져다준다.

메일 매거진의 장점은 직접 정보를 모으러 다니지 않아도 저쪽에서 보내 준다는 점이다. 블로그 같은 경우는 새 글이 올라오면 알림이 오도록 설정할 수 있기는 하지만, 알림이 오더라도 찾아가지 않으면 정보를 얻을 수 없다.

또한 지금은 SNS가 매우 편리한 시대다. 내가 최근에 자주 들여다보는 SNS는 인스타그램이다. 독서 기록을 인스타그램에 올리는 사람이 적지 않기 때문이다. 해시태그로 '#독서', '#책스타그램' 등을 검색하면 수많은 책의 사진이 나오는데, 그중에서 흥미를 끄는 책을 발견할 수도 있다. 그뿐만이 아니라 자신의 취향에 맞는 책을 소개해 주는 사람을 팔로우해 놓으면 인스타그램에서도 정기적으로 정보를 입수할 수 있다.

계속 귀를 쫑긋 세우고 있지 않아도 정보가 저절로 들어오는 시스템을 만들어 놓으면 독서 습관이 더욱 충실해진다. 아직 그런 시스템을 가지고 있지 않은 사람은 지금 당장 행동으로 옮기기 바란다.

읽기 쉬움과 유익함이라는 두 개의 기준으로 추천도서를 선정했다. 앞으로 독서를 즐기고자 하는 사람에게 추천한다.

① 《마쓰시타 고노스케, 길을 열다》 마쓰시타 고노스케(청림출판)
케임브리지 대학교에서 공부하는 동안 줄곧 가방에 넣고 다녔던 책이다. 벽에 부딪히거나 길을 잃었을 때 마음이

가는 부분을 읽고 위기를 극복하고는 했다.

② 《성공하는 사람들의 7가지 습관》 스티븐 코비(김영사)

앞에서도 이야기했듯이, 당시 10대였던 내가 크게 변화하는 계기를 만들어 준 책이다. 나는 무엇인가, 사회 속에서의 나는 무엇인가를 깊게 생각해 보는 계기가 되었다. 원서도 읽기 쉬우므로 영어책에 도전하고 싶은 사람에게는 원서를 추천한다.

③ 《이나모리 가즈오의 회계경영》 이나모리 가즈오(다산북스)

교세라의 명예회장인 이나모리 가즈오가 쓴 책이다. 창업한 지 얼마 안 되었을 무렵에 이 책을 읽고 경영이란 무엇인지, 회계란 무엇인지를 배웠다. 매우 이해하게 쉽게 쓴 책이어서 회계에 관한 지식이 거의 없더라도 읽기 어렵지 않으며, 이나모리 가즈오의 철학도 배울 수 있다.

④ 《설득의 심리학》 로버트 치알디니(21세기북스)

대학생 때 이 책을 읽고 심리학의 재미를 깨달아 대학원에서 심리학을 공부하기로 결심했다. 강의를 하는 듯한 문체여서 읽기 쉬우며 이해하기도 쉽다.

⑤《100세 인생》린드 그래튼, 앤드루 J. 스콧(클)

기업의 수명은 짧아져 가는 가운데 인생 100세 시대가 현실이 된 지금, 우리가 인생을 어떻게 설계해야 할지에 관해 이야기한 책이다. 만화판도 나와 있으니 독서에 익숙하지 않은 사람은 그것부터 읽어 봐도 좋을 것이다.

⑥《이코노믹 마인드》마테오 모테를리니(웅진지식하우스)

행동경제학을 퀴즈 형식으로 재미있게 배울 수 있는 책이다. 우리는 자신이 매일 합리적으로 행동한다고 생각하는 경향이 있는데, 이 책을 읽어 보면 감정이 인간의 행동에 얼마나 커다란 영향을 끼치고 있는지 이해하게 될 것이다.

⑦《경영은 철학이다》노나카 이쿠지로(미출간)

기업의 존재 가치가 재고되고 있는 오늘날, 이익을 추구하는 것 이상으로 경영 철학을 갖는 것이 중요함을 역설한 책이다. 수많은 창업자의 성장 스토리부터 기업 발전의 발자취를 경쾌하게 읽어 나갈 수 있어서, 경영 철학뿐만 아니라 개인의 시대의 사업 철학에 관해서도 많은 것을 배울 수 있다.

⑧《미래 연표》가와이 마사시(한국경제신문사)

향후 일본의 인구 추이를 근거로 앞으로 무슨 일이 일어날지를 연표의 형식으로 표현한 책이다. 모든 것이 이 책에 해설된 대로 진행되지는 않을 수도 있지만, 앞으로의 시대 변화를 예측하는 데는 크게 참고가 된다.

⑨《부자 아빠 가난한 아빠》로버트 기요사키(민음인)

대학생 시절에 돈에 대한 나의 생각을 크게 바꿔 놓았던 책이다. 읽어 보면 돈이란 무엇인가, 일을 한다는 것은 무엇인가를 깊게 생각하는 계기가 될 것이다.

⑩《신 TOEIC 900점·신 TOEFL 100점으로 가는 왕도》

스기무라 다로(미출간)

유학을 결심한 계기가 된 책이다. '많은 책에 손을 대지 말고 양질의 책을 철저히 활용한다.' 등 영어 실력을 높이기 위한 힌트도 잔뜩 담겨 있지만, 그 이상으로 "유학을 가고 싶다면 가라. 그러면 된다."라는 말에 큰 용기를 얻어서 유학을 결심하게 되었다. 이 책을 만나지 못했다면 지금의 나는 없었을지도 모른다.

Imagination means nothing without doing.

(행동을 동반하지 않는 상상력은 아무런 의미도 없다.)

찰리 채플린의 명언이다. 이 말은 독서에도 해당된다고 할 수 있지 않을까? 이 책에서 나는 독서를 행동으로 연결시키고 그 행동에서 커다란 성과를 얻는 방법을 소개했다.

　독서를 하면 몰랐던 세계를 알 수 있다. 독서를 하면 자신과는 다른 가치관을 접할 수 있다. 독서를 하면 새로운 선택지를 손에 넣을 수 있다.

그러나 무엇보다 중요한 것은 그 다음에 어떻게 하느냐다. 책을 읽고 알게 된 것을 아웃풋으로 연결시킬 때 독서는 비로소 가치를 만들어 낸다.

이를 위한 구호가 바로 '즉시 행동한다.'였다. 그리고 성공한 사람들의 공통점은 다들 '즉시 행동하는' 사람들이라는 것이다. 행동해 봐야 비로소 알게 되는 것도 있다. 처음에는 실패가 계속되더라도 실패의 원인을 찾아서 성공의 밑거름으로 삼는다.

그런데 행동력이 있는 사람은 태어날 때부터 '즉시 행동하는 사람'이었을까? 반드시 그렇지는 않다. 나는 지금도 내가 지독한 게으름뱅이임을 알고 있다. 애초에 인간은 편해지고 싶어 하는 동물이다. 나는 그것을 부정할 필요는 없다고 생각한다.

즉시 행동하는 사람과 즉시 행동하지 못하는 사람의 차이를 만들어 내는 것은 '나를 움직이게 만드는 시스템'을 가지고 있느냐다. 그저 이것뿐이다. 이 책에서 나는 독서를 기점으로 한 '나를 움직이게 만드는 시스템'을 만드는 여러 가지 방법을 가급적 알기 쉽고 구체적으로 전하고자 노력했다. 그러나 이것은 어디까지나 출발점에 불과하다. 방법은 달라도 상관없다. 어쩌면 이 책에서 소개한 것보다 좋은 방법을 찾아낼 수 있을지도 모른다. **무엇보다 중요한 것은 어쨌든 행동하는 것이다.** 정말로 그것이 가장 중요하다. 그러므로 당신이 이 책에서 전한 내용을 바탕으로 자신만의 '나를 움직이게 만드는 시스템'을 만든다면 정말 기쁠 것이다.

그리고 같은 책을 읽은 사람끼리 교류하기 바란다. 그렇게 해서 '즉시 행동하는 사람'의 네트워크를 확대해 나간다면 틀림없이 행동하는 것이 즐거워지며, 도전하는 것에 대한 망설임도 줄어들 것이다. 설령 잘되지 않았더라도 응원해 주는 사람들이 있으면 틀림없이 다음번의 도전이 기다려질 것이다.

나도 여전히 도전 중이다. 물론 잘되지 않을 때도 있고, 고민에 빠져 실천할 의지가 사라질 때도 있다. 그렇지만, 아니 그렇기 때문에 더더욱 독자 여러분이 열심히 노력하는 모습을 보면 '그래, 나도 다시 도전해 보자!'라고 생각하게 된다.

이 책을 통해서 만난 독자 여러분과 절차탁마할 수 있기를 고대하며, 마지막으로 지금까지 이 책을 읽어 준 것에 감사의 인사를 전한다.

쓰카모토 료

액티브 리딩

초판 1쇄 발행 2022년 7월 18일

지은이 쓰카모토 료
옮긴이 김정환
펴낸곳 ㈜에스제이더블유인터내셔널
펴낸이 양홍걸 이시원

블로그 · 인스타 · 페이스북 siwonbooks
주소 서울시 영등포구 국회대로74길 12 남중빌딩 시원스쿨
구입 문의 02)2014-8151
고객센터 02)6409-0878

ISBN 979-11-6150-615-9 03190

시원북스는 ㈜에스제이더블유인터내셔널의 단행본 브랜드입니다.

독자 여러분의 투고를 기다립니다.
책에 관한 아이디어나 투고를 보내주세요.
siwonbooks@siwonschool.com